読んで旅する
よんたび

50歳からのごきげんひとり旅

山脇りこ

大和書房

はじめに

ごきげん貯金をするひとり旅へ

いやはや遠くへ来たな〜としみじみ思ったのが、50歳になったときでした。初めて味わった、自分の年齢に自分でびっくりする感覚。

でも、50歳オーバーは私だけじゃなかった。みんな歳はとる。２０２０年以降、日本人女性の過半数が50歳以上というではないですか。

そうか、女性全体の半分が、目がしょぼしょぼしたり、寝ている間に顔についた線がくっきり次の夜まで残っていたり、肩が上がらなくなったり、体重が増え続けたりしているんだなぁと、味方を得たような気持ちになりました。

私の場合、鈍《にぶ》いせいか、40代までは具体的に老いを感じることは少なかった気がします。しかし、50代は甘くありませんでした。

まず、響きとして、50代はそれまでとは違います。なってみると、口に出すたびに、おおお、もう50か……と自分で驚きました。さらにここで書くのもうんざりしますけど、肉体的な変化も大きい。更年期、明らかに見てわかる量の白髪（急に増える）、しわ、若き日を反省させられるシミ、たるみ、食べてる量は同じでも太る、いろいろ個人差はあれど、外見に顕著な老化が現れてきます。

コメディエンヌの野沢直子さんがご著書で、テレビ出演中にモニターに映る自分の顔が「フナみたいだった……フナがいる！と思った」と書かれていました。

私もよくバスや電車のガラス窓にフナを見ます。口角がフナのごとく、いやそれ以上に下がっている。それに、49歳での四十肩（一応40代だったから、整形外科の先生が気をつかってくださいました）にはじまって、ばね指、腰痛と、とにかく常にどこかが痛い。料理の仕事は立っている時間がとても長く15時間立ちっぱなしもざらなのですが、だんだん連日それを続けるのが難しくなって、体力の低下をはっきり感じるようになりました。

そして、ほとほと困り果てたのが、こういうことが容赦なく押し寄せた結果、気分が鬱々《うつうつ》としてくることでした。

老いるって、ただそれだけで鬱々とするのね、と気づきました。50歳を過ぎた頃から現れるようになる抑うつ状態を「初老期うつ病」と言うそうです。

これは……まずい。

◆ごきげんは七難かくす

世の中の雑誌や書籍の見出しに、「老後を楽しく」「老後の楽しみの見つけ方」なんて言葉をよく見かけます。これは、老いると楽しくなくなるからなのだと、リアルに思い知りました。

〝箸が転んでも可笑《おか》しい、おもしろい〟頃から早30年です。そうか、歳をとると不機嫌になることのほうが多いのか。でもまだ先は長いはずだぜ、私。はて？　どうすればいいものか、いろいろ考えました。

そして、ざっくりした結論として、とにかく意識してごきげんでいよう、なによりごきげんを優先しよう、と決めました。

不機嫌になったり、鬱々としそうなことはしない。たとえ仕事でも家事でも、凹みそうなことはできるだけ避ける。そして60代、70代に向けて、思い出したらごきげんになれる、ごきげん玉を貯金しておこう、と。

まわりを見渡してみれば、先輩方で私がすてきだなと思う人は、生来の美人でも、若く見える人でもなくて（それはそれでうらやましいけれど）、にこやかでごきげんな人でした。分別も知性もあるけれど、柔軟で、健《すこ》やかで楽しそうで、険《けん》がなく、無理もなく、おだやかな顔つきの人。

この歳になると、色白も美脚も七難はかくしてくれませんが、ごきげんは七難かくしてくれる気がします。

はて、なにが私をごきげんにしてくれるのか？　まずはなにより健康です。その上で、いろいろ試した結果、たっぷりごきげん貯金ができるなと思ったのが、「ひとり旅」でした。

「え、ひとりで旅？　ますます鬱々しない？」という声も聞こえてきそうです。

いえいえ、50歳からはじめるひとり旅には、使っていなかった筋肉を有意義に使えた喜びのような、屈伸して手のひらがぴたっと床についたときのような、すがすがしい達成感があります。

日々の中で、不機嫌になったり、暗くなったり、ネガティブになったりしたときに、引き出して使うごきげん玉、思い出すとむふふと顔がほころぶ私だけの経験がザクザクたまります。リフレッシュできる上に、ささやかな自信もつきます。

そんなひとり旅の魅力を、お伝えしたいと思います。

目次

第2章　国内ひとり旅

第3章　海外ひとり旅

第4章　私の旅の楽しみ方

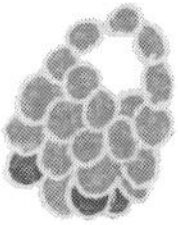

第1章

50代はひとり旅の適齢期

私、ひとり旅、できるかな？

私がひとり旅をはじめてみようかな、と思ったきっかけは、台湾・台南へのグループ旅で言われたささいな一言でした。

49歳、ちょうど仕事が忙しかった時期。台南通の方のグループ旅に誘ってもらい、これ幸いと、下調べもせず、ガイド本さえ見ずにただついていきました。人数が多かったこともあり意見を言わないほうがスムーズかなと思い、旅先でも自己主張することなく、とにかくついていきました。

途中、なにかの都合で私がひとりでホテルに戻ることになったときのこと。同行者に、「ひとりで大丈夫？」と真顔で聞かれたのです。

え、私？　ひとりでホテルに戻ることもできないように見える？　え？　ええーっ？　とちょっと戸惑いました。でも思えば、そう聞きたくなるくらい頼りない人に見えたのかもしれません。

優しい気遣いの言葉に驚くと同時に、がっくし。「ひとりで大丈夫？　私」と自問しながらホテルへ向かいました。


振り返れば、バブル世代のご多分にもれず旅好きで、学生時代からいろいろ旅してきました。大学卒業後は、ひとり旅も。はたから見ると、バブル世代の20代頃って、ぱっぱらぱーに遊んでいたイメージかもしれませんが、「24時間戦えますか？」のCMを口ずさんで違和感がなかった世代です。よくも悪くもとにかく遅くまで働き、会社にすべてをささげているような人が多かった。そんなわけで学生時代の友人とはなかなか休みが合わず、結果ひとり旅も。若くて怖いもの知らずだったなぁと思います。

しかし、結婚後はいつも相方とふたりで旅するようになりました。ふたりとも無類の旅好きで、彼とは、たいがいなんでも、しょーもないことも楽しめて、おもしろがれました（だから結婚したのだと思います）。準備の手間も半分、緊張感も半分で、楽ちんでもありました。

そして、50歳目前、気がついたら「ひとりで大丈夫？」と聞かれるヒトになっていました。もしかして私、ひとりで旅なんて、できなくなっているのでは？

そして、ひとり旅って、いつまでできるんだろう？と、台南で言われた一言をきっかけに、考えるようになりました。

✦ひとり旅適齢期って、もしかして、今でしょ！

学生時代、バックパッカー上級者で、ひとりでサクサク旅していた友人に久しぶりに電話をしてみたのは、このあたりのことを話したかったから。若いときでも、そういうワイルドな旅ができなかった私は、彼女をひそかに尊敬していました。

おりしも下の子が大学を卒業したとのこと。じゃあ気ままな旅を復活している？と聞いたところ、曰く、「あんなにひとり旅してたけど、まったくできる気がしないわー。子どもを旅行に連れて行っているつもりが、子どもが一緒じゃないと旅ができなくなったみたいだよ、私。もしかしてやばい？」と。

「いや、やばくはない。けどさ、ひとりで旅ができるのって、あと15年くらいかもしれないね。復活しようよ、ひとり旅」と、自分のことは棚に上げて、言っている私がいました。

「ひとり旅できるのも65歳くらいまでかなぁ」「ひとり旅できたら、自信がつく気がするよね」「できるよ、できる」と、なぜか互いを励ましながら、ひとり旅しよう！という謎の決意をし合い、電話を切りました。

いやもちろん、ひとり旅なんてできなくてもいいし、誰も、何も困らない。でも、もしかしてできたほうがいいんじゃない？　やってみたら楽しいんじゃない？　何よりも、ひとり旅を楽しめる自分でいたい。

なぜかむくむくと、今こそひとり旅してみよう、という思いがわき上がってきたのです。

✦ひとり旅だからこそ、忘れられない景色に出会う

角田光代さんが好きでよく読みます。若かりし頃の旅のエッセイには、バンコクから数時間夜の長距離バスに揺られ、着いてから宿を探す……とか、ベッドに巨大

なゴキブリが出る……とかあり、読者としておもしろがりつつも、自分にはムリ、と思います。ちょっと危ない経験がさらっと書かれていたりすると、ついつい二度読みしてしまい、彼女のあっぱれなバックパッカーっぷりに、あこがれつつ震えました。私もひとり旅の経験はある、あるにはあるが、私の場合、大変なビビリなのです。

そもそも、ひとり上手でもありません。ひとりで食事とか、ましてや飲みとか、あこがれるけれど行動は伴わない。ひとりなら家に帰って食べよう、飲もう、と踵《きびす》を返す根性なし、小心者です。というか、自意識過剰なのかもしれません。

かのテレビ東京のヒットドラマ「ソロ活女子のすすめ」で、次々と華麗なるおひとりさま体験を繰り広げる主人公（江口のりこさん扮する30代後半女子）はいつもつぶやきます。

「あら、あの人、ひとり？　お気の毒って思われるんじゃないかと気にしてきたけど、いやはや（笑）、他人は私のことなんて見ていないのだ、自意識過剰だ」と。

そうでしょうね。だけど、あのドラマが常に「ソロ活にチャレンジしてみよう！」な構成であることからもわかるように、やっぱり〝ひとり〟にはいろいろハードルがあるのです。

一方で、ひとりには確かに「ひとりでできたもん」的な達成感があります。幸せひとり占め感もある。そう、思い返せば若いときのひとり旅でも。

準備段階から選択の連続で、脳みそのひだを広げて、普段使わない思考筋肉を使っている気がして、大変だけど愉快でした。旅がはじまれば、治安センサーを最強にして、周囲の人に全員泥棒？くらいの目を向け、そのくせ、行く先々でたくさん助けてもらって、笑ったり、感激して泣いたり。会話する相手がいないから、なんでもじーっとよく観察していて、気づきもたくさんありました。そして、自分とサシでよく話をしました。

たとえば、1989年の台北。ドキドキしながらなんとかたどり着いてほっとしたホテルの部屋で、テレビをつけたら「美空ひばりさんが亡くなった」というニュースが。あの瞬間の驚き、テレビの形に部屋のレイアウトまではっきり覚えています。

ニューヨーク。空港で必死で乗り込み、セントラルパークの前に着いたバスから降りて、やっと着いたよ～と思って仰ぎ見た真冬の真っ青な、高い空。

バンコクのチャオプラヤ川で間違えて乗った、お坊さんがいっぱいの小さな船。あぁどうしようと焦ったけど、スキンヘッドからにょきっと飛び出すように見えたワットアルン（暁の寺）に笑ったこと。その瞬間の、風の感じも体感温度も音までも、はっきりと、ムービーを再生するかのごとく鮮明に思い出せます。

なんでもないのに、強く印象に残っている旅の瞬間は、すべてひとり旅。いや、ひとりだったからこそ、強く印象に残っている？

◆最強にして最後のひとり旅適齢期

あの緊張と喜びをと、おそるおそる20数年ぶりにひとり旅してみたら、実は50代って、ひとり旅にとてもいい頃合いじゃないか、と思うようになりました。

最強にして最後のひとり旅適齢期ではないか。

まず、酸《す》いも甘いもだいたい経験した、いい大人になっています。無鉄砲な行動に出ることは、ちょっと残念でもあるけれど、ありませんよね。「待て」と自分で自分に声をかける分別もある（はず）。

自分にお金がどのくらいあるか、どんな使い方ができるか、よく知っています。いざとなれば、走って逃げるくらいの体力も残されている。一方で自分の体調は自分でかなり把握できるようになっていますから、無茶はしません。なにか起きて困ったときも、どうしたらいいかの判断もかなりできるし、困らないように準備もできるでしょう。

まあまあ場数を踏んでいるから、ホテルやレストランでも気後《きおく》れしない、それに、自分がどんな雰囲気が苦手かもよく知っているから、あらかじめ避けることもできます。

泥酔しない、どか食いしない。簡単に恋に落ちることもないし（私だけか？）、大切なものが何かもわかっています。

そしてこの歳になると、群れることにやや疲れていませんか？　私はちょっとお疲れ気味で、時にひとりで過ごすと、ほっと、落ち着きます。ひとりで美術館へ行ったり、ゆっくり本を読んだり、映画を見たり、実はひとりはたのしいし、心の凪《なぎ》に必要かなと。

それに、友人と旅するとなると、楽しいけど、まあまあ大変でもあります。平日がいい人、週末がいい人、ばらばら。家族構成も違うし、経済状況も違うので、期間も、行き先も行き方も調整が難しい。ホテルひとつ選ぶにも苦戦します。好みの違いはもとより、値段も、立地も、みんなの希望を合わせるのは難しい。

だったら、さくっとひとりもいいのでは？　最強のひとり旅適齢期を逃すな、これからの人生の栄養になるはずだ、と天の声が聞こえました。

✦おそるおそるはじめてみた、ひとり旅

まずはじめたのが、先に行くひとり旅でした。

いつもサラリーマンの相方に旅の予定を合わせていたけれど、私だけひとりで少し先に行ってみよう、というわけです。後から来ると思えば、ちょっと安心だし。長めの夏休みの旅で練習することにしました。

バンコク、台北、パリ、ニューヨーク、3～4日早く行って、ひとりで過ごしてみたのです。

国内でもはじめてみました。長崎の実家に帰る前後に1泊、どこかへ寄ってみよ

う、と。母の体調がすぐれず、以前より帰省の機会が増えてもいたので。東京へ戻る前にひとりの時間を持つことは、気持ちの切り替えになりました。

コロナ禍になってからは、ひとりで東京近郊や、都内へ。

その結果、たくさんの〝ごきげん貯金〟が貯まったのです。鬱々としたときに1泊でも出かければ、気持ちが晴れました。家族にも優しくなれた気がします。

それでも今なお、ひとり旅は、とても緊張します。まったくもって慣れません。荷物は重いし、道にも迷うし、ごはんを食べるところも毎回悩みます。やっぱりやめようかなーと、くじけそうになったりもします。

でも、えいっと旅立てば、普段使っていない回路をつなぎ、フル稼働させているうちに、いつの間にかごきげんになってきます。ぴりぴりっとした緊張は、ゆるんだ感性をいい塩梅に刺激してくれるのかもしれません。

初めてのことにたくさん出会う、歩く旅を

社会学者の上野千鶴子さんが、こんなふうにおしゃっています。

「私が〝この老い方、いいな〟と思うのは、必ず〝好奇心〟を持ってる人なのよ。その人が生きていくエネルギーのポテンシャルみたいなもの。自分の知らないもの、未知のものに対する好奇心。（中略）そうすると、〝老いる〟ということも未知なものなわけですよ」（『快楽上等！ 3・11以降を生きる』（幻冬舎）湯山玲子さんとの対談集より）

「老いる」ということも、自分に訪れた初体験として、好奇心をもって見てやろう、と。私もできたらそうありたい。その気持ちがあれば、心が老いることはないのかもしれません。

50歳の誕生日、あぁ、初めてのことが減り、最後のことが増えていくのかな、と

あきらめ気味に思いました。思えば50歳前後は、さまざまな経験をしてきて（した気になって）、旅も食事も着るものも、〝心地よいマンネリ〟のピークだったかもしれません。それこそが、静かなる老いの足音……いかんいかん、初めてのこと探してみようじゃないか、と思い直しました。

◆初めてを増やしてみれば、なんだ、いっぱいある！

試着さえも面倒、試着しなくてもだいたいわかるわ、と思うようになっていた自分に発破《はっぱ》をかけて、着たことがない色や形の服を試してみる。食べたことがないものを食べてみる。やってみれば、初めてのこと、未知なるものは身近にけっこうありました。

年下の友人からプレゼントされたナチュラグラッセの真っ赤な口紅。ブランドも知らなかったし、真っ赤は一度もつけたことがなかったけど、つけてみたら、まんざらでもない（私比）。

苦手と思い込み、レバー以外は食べたことがなかった肉の内臓、モツ。すばらしいと聞いて滋賀の精肉店、サカエヤさんのモツを食べてみたら、驚きのおいしさだった、などなど。

そして、ひとり旅。

復活してみたら、50歳でも未知なること、思いもよらない〝初めて〟がいっぱいでした。好奇心が波のように押し寄せて、一度で〝初めてスタンプ〟が1冊分たまる！　お得じゃないか。

✦パリからはじまった私の旅の5つのルール

中でも、〝初めてスタンプ〟がいっぱいたまったのが、「ひとりパリ」でした。え、パリ？　ひとり？　無理、汗、ですよね。ええ、同感です。自分でもびっくりするくらいの勇気を出してみました。でもこれが、とてもよかった。

3泊4日だけでしたが、ドキドキしたりわくわくしたりビビったりしながら、ひとりでもいろいろ楽しめるな私、と超ご満悦。

このひとりパリ行きで私がひそかに決めていた、5つのルールがあります。

1. 気ままに歩く

行きたい場所や店の点と点を飛びまわるのではなく、その間を歩くのを楽しもう。私が興味があるのはとにかく食べること。食＝暮らしだから、気ままに歩いてパリの暮らしをのぞかせてもらおう。（旅人が歩きまわるパリの都心に、果たして本当の暮らしがあるのか？という皮肉屋のもうひとりの自分の声が聞こえたりもしましたけど）

2. できるだけ公共交通機関で動く

つまり、ひとりでタクシーには乗らないってこと。歩いて行くのが無理なら、バスか電車、地下鉄に。

3. 疲れたら早めに休む

貧乏性なので、歩くとはいえ、あそこも、あっちも、とスタンプラリーになってしまいがち。今回の旅はそうではなく、カフェでも公園でもいいから、早めに休んで、休むことも楽しもう。ひとりの旅先で体調を崩すのは避けたいし、もったいないから。

4．用心深く。無理な冒険はしない

公共交通機関で行きにくいところへは無理して行かない。夜は出歩かない。この歳になると貞操の危機はなくても、お金持ち？とあらぬ誤解をされるなど、リスクは変わらずいっぱいある。気をつけよう。

5．凹まない、怒らない、すべてをポジティブに受け止めよう

これだけがメンタルな決意、いや目標でした。仮に財布を落としたとしたら、なにかの災厄を財布が持って行ってくれた、助かったぜと思おう。雨が降ったら、あいにくとは思わず、雨の日のすてきポイントを数えよう。対応の悪いお店にぶつかったら、怒らず、〝この人の機嫌をよくするゲーム〟をしてみる（実際よくやります。５勝５敗くらい）など。勇気を出して行く旅を、１ミリでもより楽しくしたいから、意識してポジティブに過ごそうと思いました。

そうして歩きに歩いたひとりのパリ3泊4日は、本当に毎日が120パーセント充実していました。アドレナリンが体中を駆けめぐって、ドキドキとワクワクが交互に押し寄せる、その心の動きこそが新鮮で、今もよく思い出します。

かくしてこの5つが、ひとり旅の私なりのルールになりました。

まあまあすぐ凹むので、いちばん難しかった「凹まない、怒らない」も、旅では、割とできるようになりました。

普段もそうしようよ、なんでできないの？と、日常の中では悪戦苦闘しています。

✦行き先はどうやって決めるか

このルールのおかげで、行き先に迷わなくなりました。

まずは行ってみたい！という好奇心からはじまりますが、公共の交通機関で動きにくい行き先やルートは選びません。国内なら、県庁所在地や、ある程度人口の多い街なら、バスや電車で動けます。レンタカーがないと難しそうなところは、ひとりで行くのはあきらめています。

海外は、街の中を公共交通機関でまわれることに加えて、空港から市街地への行き方も確認します。台北、香港、パリ、バンコク、ロンドン、ミラノなどは、公共交通機関でまわれます。こういった都市の中から、治安がよくて、ひとりの街歩きが楽しそうな場所を選びます。

そしてこれはビビリな私ならではかもしれませんが、海外のひとり旅は、家族と、友だちと、あるいは仕事で、これまでに行ったことがある街へ。安心度が少し増すからです。

行ったことがある街でも、あらためてひとりで行ってみると、まったく違う表情が見えてきます。印象に残るものも違って、初めてがいっぱいです。

たとえば、家族や友人と何度も行っている台北でも、みんなと旅した思い出は、爆笑したこととか、語り合ったこととか、食事の中身よりみんなの顔が中心です。

一方、ひとりのときの思い出は、はっとした一瞬の景色や地元の人々の姿、それを見て私が感じたこと、緊張してドキドキした自分の気持ちそのものが中心に。

勇気を出して入った店で食べた水餃子の形や味、おいしさを中国語でがんばって伝えたときのドキドキ。汗だくでヘロヘロで道に迷い、急な坂の前でため息をついて見上げたらブーゲンビリアが！とか、シャッターを切ったかのようにはっきり浮かび、胸が熱くなります。

これらが鮮烈な思い出になっている理由は、何度も言いますが、〝ひとり〟だったから。そして、もうひとつ。〝気ままに歩いていたから〟だと思うのです。

✦ひとりだからこそ自由に歩こう

街を、自由に寄り道しながら歩く。これってひとり旅向きだなぁ、と思います。行き先について、誰かと相談したり譲り合ったりする必要のないひとり旅。行かねばならない〟ところがないからできる、ひとり旅の醍醐味《だいごみ》じゃないかと。

パリで、気に入ったひとつのマルシェを気が済むまで何度も往復するとか。京都で行きたい店がふたつあった夷川《えびすがわ》通りを、東の端から西の端までただ歩いてみるとか。そこで家具や建具の店が多い通りだと気づき、気になるお店がさらに4、5軒見つかり、そのうちの1軒は、今では大のお気に入りになりました。

ひとり旅は、歩くことでぐっと感動が深まると思います。

✦「行きたい場所」を集めたリストを作ろう

それで、街を歩くためのちょっとした準備を、日常の中で、わりとマメにやっています。

美容室で読んだ雑誌や、ＳＮＳや友人のおすすめで気になる場所があったら（店だったり、市場だったり、景勝地だったりさまざまです）、すぐにグーグルマップで探して保存します。

まず、スマートフォン（以下スマホ）のグーグルマップの［スポット検索］に、行きたい場所の名前を入力して検索します。該当ページへ行ったら［保存］マークをタップします。［リストに保存］の画面になったら、［行ってみたい（旗のマーク）］を選択します。自分で作ったオリジナルのリストにも保存しておきます（34ページ参照）。

そして、日々それらを眺めながら、「お！ここに行きたい」と旅の計画を立てることがよくあります。

たとえば京都に行こうと決めたら、【京都】のリストに保存してある場所をじっくり見ます。時には、手帳に書き出して絞り込みます（というのも、京都だけで行きたいところが150か所超えで、汗）。

さらにすばらしいのは、こうして保存しておくと、グーグルマップが、「この近くにある保存した場所」を教えてくれることです。歩いている途中でグーグルマップを開き、保存リストを見ると、自分が立っている場所から近い順に表示されるのです。私が忘れていても、「あなた、この近くに行きたい場所として保存したところがあるわよ！」と教えてくれる。なんてステキ（ちょっと怖いけどすごい）。

✦ 観光地を逃しても、「自分の好き」を歩いて見つける

旅に出ると決めたら、その旅で必ず行きたいところをひとつかふたつ、多い場合は3つほど決めます。勝手に名付けて「行ってみたい3点セット」。このセットをベースにその日にまわるエリアとルートをざっくり決めます。

グーグルマップで行きたい場所のリストを作ろう

行ってみたい場所を複数のリストに保存しておくことで、より探しやすくなります。たとえば、水戸にすてきなワインバーがあったら、【水戸】と【ワイン】のリストに保存、京都にひとりでも入りやすい和食店があったら、【京都】【和食】【ひとりごはん】の3つのリストに保存しておきます。

グーグルマップのメニューにある［保存済み］をタップすると、これまでに保存したお店が一覧で表示されます。

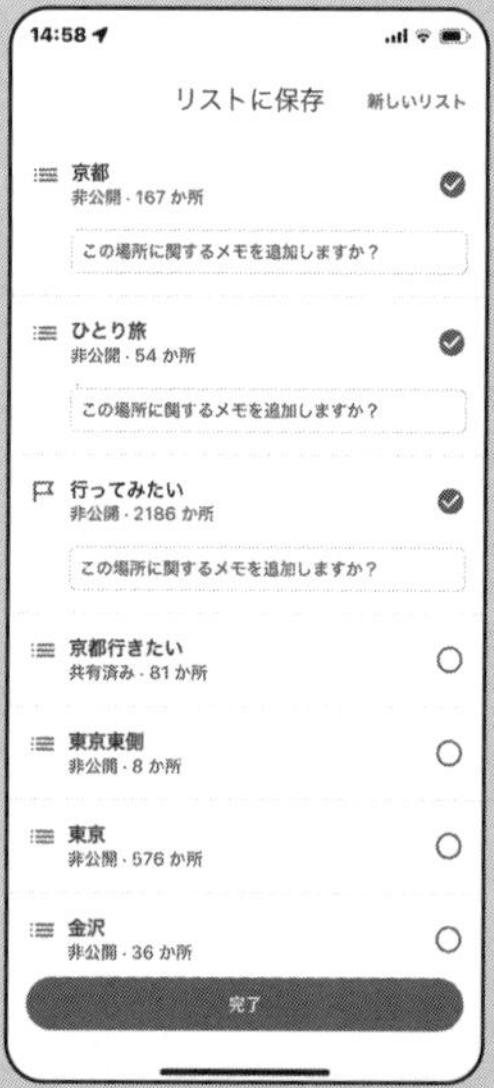

自分オリジナルのリストは、［リストに保存］の画面で、「新しいリスト」をタップし、リストの名前を入力して作成します。

いつもやる手順はこんな感じです。

①いちばん行きたい場所をグーグルマップで確認する。
②その近所、だいたい1~2キロ前後のところで2番目を、さらにそこから1キロ前後で3番目をざっくり決めます。
③3つをつなぐルートを作ります。

大抵《たいてい》はいちばん行きたいところを起点にしますが、どの順番でまわるかは気分次第で。歩きはじめたら、寄る予定じゃなかったけれど気になっていた店が近くにあることをグーグルマップが教えてくれたり、想定外の楽しそうな所を見つけて追加で寄ったり、もう自由に。結果、3点セットをまわりきれなかったこともありますが、それはそれでよし。

大きな幹線道路沿いなど、この道は歩いてもつまらなそうだと思ったら、街を見ながら移動できるバスに。疲れたら休むし、荷物が増えたら、地下鉄やタクシーに乗っていったんホテルに戻ることもあります。

観光地やガイドブックのおすすめの場所を逃したとしても、街を歩く楽しさ優先で。思いがけないごほうびみたいに、じわっと染みる〝初めて〟を発見することがよくあります。

ただし、自分の安全センサーだけは無視しません。そこはかとなく怖くなってUターンしたり、意味なく走って逃げたりする、へなちょこな自分を信じています。

旅は荷作りからはじまる

子どもの頃、私がネガティブな予感や、望んでいることと逆のことを口にすると、祖母は、「言い当てるけん、やめんね（言い当ててしまうから言うな！）」と諫《いさ》めました。運動会の前に「雨が降るかも」と言えば、降ってしまうし、「試験に落ちるかも」と言えば、落ちてしまう。

たしかに一理ある。でもね、でもです、ひとり旅の場合、特に海外の場合は、そのネガティブな想像は、やっておいたほうがいいんじゃないかと私は思っています。「お金をなくすかも、とられるかも」「朝のランニングで転ぶかも、下痢するかも、風邪ひくかも」「この荷物、ロストする（空港で預けた荷物が出てこない）かも」「ホテルの予約がちゃんととれてないかも」「空港からのバスがストで動かないかも」、はては「この飛行機が無人島に着いたら？（以下、桐野夏生著『東京島』への妄想ジャンプ！）」などなど。

向田邦子さんのエッセイの中に、澤地久枝さんとアマゾンへ行く飛行機の中でのお話があります。澤地さんが、急に大きなダイヤモンドの指輪を出して、はめたそう。向田さんが、なぜ？と尋ねたら、「もし飛行機が、ジャングルに墜落して、どこかの部族にとらえられたら、これを進呈すればなんとかなると思って」と澤地さん。

ダイヤモンドは残念ながら持っていないけど、私にはよくわかります。その想像力、妄想力、いや、準備力か。

ということで、海外ひとり旅の場合は、「そこにある、かもしれない危機」を広めの範囲で、誇大妄想気味に、あれこれ考えて準備します。

一方、国内なら、そこまでの妄想はやめて、身軽さ優先。究極のところ、財布とスマホ、眼鏡かコンタクトレンズ、歩きやすい（走れる）スニーカーがあればＯＫです。

あとは、国内外共通で、本。旅先が舞台のものなどを1冊か2冊持って行きます。

✦命綱のスマホと通信手段

本当ならスマホなど持たず、気ままに誰からも追いかけられることなく旅をしたいところなのですが、現実にはスマホはひとり旅の大切な相棒。なければ旅はできません。電話というより、通信が命綱。少し費用がかかっても、ひとりだからこそ〝つながる安心〟は盤石《ばんじゃく》にしておきたいと思っています。

日本国内なら、いつも通りスマホを持っていればOK。ただ、バッテリーが切れて泣きそうになった経験から旅では予備の充電器を持つようにしています。その代わり、地図も、重たいガイドブックも持ちません。

海外なら、行き先で使えるポータブル Wi-Fi（ワイファイ）を日本の空港で借りていきます。あらかじめ予約しておくと、空港のカウンターでスムーズに受け取れます。返却は、帰国後に空港で返却ポストに入れるだけです。ちなみに Wi-Fi を貸しているところでは、ポケトーク（音声翻訳機）を借りられる場合もあります。これもネット環境が整っていないと使えません。

契約しているスマホを海外でも使用できるようにする（海外ローミングサービス）という選択もあります。また、SIM（シム）フリーのスマホなら、シムカードを現地の空港で買って差し替えることも可能。この方式なら現地の電話番号を獲得できます。ただし、いつも日本で使っている携帯電話番号は使えなくなります（日本に帰って元のシムカードに差し替えるとまた元の番号が使えます）。

✦クレジットカードと現金、ミラー財布を作る

次に、お金まわり。日本国内の場合、日々の暮らしの延長なので特別なことはありません。ただ、日本は都会でも現金しか使えないところが結構あるな、というのが私の実感です。京都はその代表格。お店でもよくありますし、神社やお寺も、現金のみ、が多いです。

海外に行くときは、私はちまちま対策をしています。

まず、現金のほかに、クレジットカードを3枚は持っていきます。現地のATMで直接現地通貨が引き出せる＝海外でのキャッシング機能がついているカードが1

枚はあると安心です。可否はカード会社に確認してください。

世界中でキャッシュレスは進んでいますが、やはり現金も必要です。コロナが落ち着いた後に行った台湾の南の方（屏東《ピンドン》）では、市場や個人商店、生産者さんを中心にまわったからか、半分は現金のみでした。

それから、少し長めの旅の場合、家族や信頼できる人に、カード番号のメモをあずけておきます。もちろん、そのメモは自分でも持ちます。カードを無くしたときのためで、ネットでマイページに入ればわかるじゃんと言われそうですが、私はパスワードとかしょっちゅう忘れて手間取るので、アナログな備えもしています。

また必ず、メインの財布とミラー財布の2つの財布を持っていきます。メインには2枚のクレジットカードと現金、ミラーには1枚と現金少し、というように配分します。財布を誰かに提供する（渡すしかない）ような事態や、知らぬ間に取られたりして、片方をなくしても旅が続けられるように。

イタリアで一度だけ、気づいたら財布がなかった……という経験があります。でも、ミラー財布があったので、クレジットカードの使用を止めただけで、ほぼ困りませんでした。失った財布と現金は惜しかったけど、厄《やく》をもらってくれたと思ってあきらめました。

　また、海外で外出するときは、靴底に少しの紙幣、20ドルくらいを入れています。何かあっても、ホテルに帰れるように。バッグもスマホも全部捨てて走って逃げても、ひとまずはなんとかなります。どんだけ警戒してるんだ！と笑ってください。

✦時間と心を奪われないために

　パスポートのコピーも3枚は持ちます。パスポートそのものは持ち歩かずに、セキュリティボックスが部屋にあれば入れておき、コピーを常に持ちます。コピーがないと入れない店とか、あとから免税される買い物の手続き（タックスリファンド）に必要な場合などがあるからです。もう1枚はスーツケースの底などに。

　再発行のための証明写真も持っています。日本のように、どこでもすぐに安価で写真が撮れるわけではないので、パスポートを無くしたときに途方にくれることなく対応するためです。

　海外へ行く機内に持ち込む手荷物には、最小限の下着と歯ブラシセット、試供品レベルの化粧品、メガネかコンタクトレンズが入った1泊分のポーチを。着いた空港で自分の荷物が出てこなかったとしても、1晩はストレスなく過ごせるように。

こういう、チマチマした対策をやっている理由は、とにかく「時間と心を奪われたくない」から。準備しておけば、ピンチを救ってくれるだけでなく、自分のメンタル面へのネガティブな影響を減らせると信じています。私にはココが大事。凹みすぎたくないし、ピンチへの対応で1日棒に振るのもイヤ。楽しみな旅では、時間や心を奪われないようにすることがなにより大切だと思っています。

旅慣れている人に笑われたりしますが、旅に〝慣れる〟必要はないんじゃないかな？

✦荷作りは選択のトレーニング

そして荷作りです。まず、海外の場合。危機を想定して準備すると書きましたが、危機回避のためにも、身軽さは重要です。なにかあったらすぐに逃げられるように。いや、そのくらい身軽がいいってことです。

重い荷物は、どんなに好きなモノでも、結局は自分を憂鬱《ゆううつ》にする、と私は思います。これは家の中でも同じですね（汗）。だから私は、何泊であっても、ひとりで持って階段をのぼれる大きさ&重さのスーツケースと決めています。

気に入って使っているのは、パリのデパートで見つけたソフトケースで、特にブランドでもなんでもないもの。かれこれ7、8年愛用しています。3泊分くらいのサイズかな。ソフトケースは、キャパシティーに柔軟性があって、自分の足に当たっても痛くないし、他人に当たっても（あまり）痛くないはず。そして空港で、ぽーんと投げられても壊れにくいと思います。

その中身。海外ひとり旅の準備は、まず、無人島にひとりになった場合から、暑さ寒さの急変まで、さまざまなシチュエーションを妄想して、ながーい持ち物リストを作ることからはじめます。そこから取捨選択し、最小限まで減らすのです。軽さも追求します。

たとえば雨が降ったら？　折り畳み傘かカッパか？　私はコンパクトになるカッパを持っていくことが多いです。いざとなれば防寒着にもなるし、ランニングウェアにもなるし、洗濯物をくるっと包んで持ち帰ることもできます。一品二役以上してくれるものはありがたい。そして、傘より軽い。

軽さはすべての持ち物で重要なポイントで、化粧品などを入れるポーチ類は全部、超軽量のものに変えました。最近は薄くて軽くて丈夫な素材のものが多くあります。おかげで日々のバッグも軽くなりました。

ひとり旅をはじめたばかりの頃は、バスや電車の中でメモにリストを書いたりしながら、出発の数日前から、必要なものは何か、どうしたら軽くなるかと考えました。何回か真剣に取り組んで旅に出てみると、だんだん悩まずに要不要の判断ができるようになります。

荷作りはちょっとした選択のトレーニング。そう考えるとおもしろい。

旅先で荷をほどくと、〝ああ、究極はこれだけで暮らせるんだな〟といつも思います。コンパクトによくできたホテルの部屋では、うん、これにキッチンがあれば暮らせるわけよね、にもかかわらず私は物を持ちすぎている……とため息が出て、毎回断捨離の誓いを立てます。誓いだけ、何度も、何度も。

一方、国内旅の場合。何泊するかにもよりますが、海外とは真逆で、財布とスマホと眼鏡（コンタクトレンズ）とスニーカーと本以外に、何がいるか？　最小限から必須なものだけを加えていきます。

✦旅先で、何を着る？

荷物に占める割合が高いのが着るものです。そこで、クエスチョン。

A　誰も知り合いに会う予定がないのなら、スウェットでも寝間着でもいい。

B　いつも、どんなときでも、ある程度きれいにしている。

あなたはどちら派？　私はもちろんAです、って威張ってどうする、という気もしますが。ひとり旅って、究極のAの状況でしょう？　基本、知り合いには会いません。元来Aな女としては、ジャージ着たきり雀でもいいんじゃないか？と。

しかし、結論から言うと、それはやめました。50歳でひとりで旅に出るようになった頃は、これにてお別れ、の捨てる直前の服＝気に入っていない服や靴を持って出かけ、捨ててきたこともあります。ところが、これをやると、なーんかアガらない。むしろダダ下がりました。

ひとりのパリ。ヴィンテージを扱うおしゃれショップへ。シックなお店の方が、じっと見入る私の、靴？　〝あ、今、私の靴を見た？　見たわね？　やめてー、これはこの旅が終わったら捨てるつもりの靴なの～、涙〟と心の中で弁明しながら、すごすごと店を出ました。

旅先で十数年ぶりの知人に、だっさいと自己認識している格好でばったり会って、ユーミンの「DESTINY」という曲を口ずさみたくなったこともあります（名曲です、知らない方はググってね）。

一方、お気に入りを着ていた台北。「かわいいスカート、それは日本で買いましたか？」と、若き台湾女子に日本語で聞かれてうれしくなりました。〝今、私、日本をすてきって思う人を増やしちゃった？〟と。

そんな経験から、思い直したのです。ひとりだからこそ、誰に見せるわけでもなくても、純粋に私の気分が明るくなる服で過ごそう、と。

以来、その時々のお気に入りをスーツケースに入れていくようになりました。ただし、少数精鋭で。季節によりますが、毎日ほぼ同じ格好でもいいわけだから、自分にいちばん似合う（と思っている）スタイルで過ごす。お気に入りを着ていれば、初めて行くお店や宿でも物怖じせず、落ち着いていられます。

ただ、下着類は、あと1回着たらお役ご免のものを持って行きお別れするか、あっという間に乾く素材のものを選んでいます。

持ち物が揃ったら、仕分けして、薄手でやわらかいエコバッグや、新しいビニール袋（大サイズのゴミ袋でも）に入れてからスーツケースへ。荷物が整理しやすいし、必要になれば使えるし、帰りは洗濯物を入れてもいいし、なにかと便利です。

そして、街歩きには、どこまでも歩ける靴が必須です。私の場合、旅先ではほぼ必ず朝にランニングするので、ランニングも街歩きもＯＫのすっきりしたスニーカーを見つけて愛用しています。

この靴で歩いて走るので、夕食や買い物のときは履き替えたくなります。靴こそ荷物になると知りつつ、たとえ1泊でも、これだけはゆずれません。というのも、旅先ではよく靴を見られると感じているから。「靴を見ればその人がわかる」という言葉もあります。そのうえ私は靴フェチでもあり。

そこで、軽いスニーカーはスーツケースに入れ、行き帰りには、歩きやすく、フラットでもきちんと感のある定番ローファーや、通称おっさん靴＝ウイングチップなどを履いていきます。

ひとりではちょっと気後れしそうなお店に、意を決して食事に行くとき、勇気をくれる小さくてこじゃれたバッグもあると重宝します。私は最近は、ビームスで見つけた、京都の片山文三郎商店さんの、ぽんぽんバッグをひとつ持っていきます。一枚布でモード感もある、そして超軽量のお気に入りです。

◆私の海外ひとり旅の持ち物リスト　4泊ほどの場合

・スマートフォン、ポータブルWi-Fi、充電器、ポータブル充電器
・パスポート（コピーも）
・ワクチン証明（アプリでも。紙が必要な場合もあるので確認を）
・クレジットカード3枚、現金、財布2つ
・証明写真（パスポートサイズ）
・1泊分セットを入れたポーチ
・眼鏡&コンタクトレンズ
・本（旅先に関するもの）
・手帳、筆記用具　お守り（親や相方にもらったものを）
・アロマスプレー（リラックスに。特に飛行機で）
・どこにでも塗れるクリーム（乾燥対策）
※ここまで機内持ち込み

・顔まわり（2泊以下ならできるだけ試供品、使い捨てシートパックなどで。それ以上の場合は小さな瓶や容器に入れて持参し、使い切って帰る前に処分。シャンプーはホテルのものを使い、トリートメントは持参＋最小限のメイク用品）
・バンドエイドの強力なもの、風邪薬＆痛み止め、ドライアイ対策の目薬など薬類
・下着（そろそろ捨てるもの、またはすぐに乾くものを必要数）
・洋服（気に入っているものを少数精鋭で。かさばらない、しわが気にならない、動きやすいもの。大きなゴミ袋のようなビニール袋か薄手のエコバッグに入れる）
・ランニング用のウェア（雨合羽を兼ねる）とランニング用のミニバッグ
・スニーカー（ランニングもできるもの）＋少しちゃんとしたフラットな靴1足
・ホテル内履き用に軽いゴムぞうり
・街歩き用のバッグ＋小さなお出かけ用おしゃれバッグ（場所によっては薄い革製のものにすることとも）。すべて軽量で！
・小さなナイフ（フルーツなどを食べるため）、箸、使い捨てスプーン、小さなコップなどの試食セット
・好きなお茶（ティーバッグ）

・マイ梅干し（2、3粒。おなかの調子を整えてくれると信じています）
・行き先によって保冷バッグと保冷剤（持ち帰り用。日本のものは秀逸）
・ゴミ袋&ビニール袋、ジップロック数枚（使わないことも）

ホテル選びで大事な3つの要素

ホテルって、旅の良し悪しを左右する大切な要素だと思います。特にひとり旅。仕事や家事から解放されて、はーっとベッドに飛び込んで、リラックスしたい。しかも安心して。なので、ホテルは、必ず事前に予約していきます。試行錯誤しながらいろいろ泊まってみて、私がひとり泊のホテルで譲れないと思うのは、この3つです。

・清潔さ
・安全性
・よい立地

そしてプラスα《アルファ》としては、自分にとっての心地よさ、信頼できる企業が経営していること。この5つのポイント、当たり前では?と言われそうです。そしてお高いのでは?とも。もちろん、最高級のホテルはこの5つをおおむねクリアしています。でも探したいのは、お財布にも比較的優しいホテルで、条件をクリアしているところ。

まず楽天トラベルや一休.com、海外はブッキングドットコム（Booking.com）やアゴダ（agoda）などのサイトを見て、よさそうなホテルを探します。判断しにくい海外はブッキングドットコムの評価が8・0以上を目安に。

見つけたら、次にそのホテルの公式サイトへ。センスよく（自分好みで）、必要な情報が備わったサイトかどうかを見ます。その後、ホテル名で再度検索すると、最近はさまざまな予約サイトでの価格が、ずらっと比較できる形で出てくるので、それを見ながら最終決定へ。

写真や口コミ、価格で見定めることになるので、その際の私なりのポイントを次にまとめてみます。

✦絶対譲れない清潔さはクチコミで確認

まず、清潔さ。これは、新しさでかなり解決すると思います。ホテルといえば、伝説のサービスマンや、神コンシェルジュがドラマになるけれど、まずは建屋と設備が命だと、旅館（のちにホテルに）の娘（私）は思います。

築30年のホテルなんてざらにありますが、全館リノベでもしない限りは、どうしても傷みが隠せません。酷な話ですが、新しいほどキレイです。

時に老舗ホテルで、古いけれども、いや古いからこそ、掃除が隅々まで行き届いているとわかり、手がかけられている美しさを感じることがあります。でも、やはりそれは稀《まれ》なこと。そしてそういうホテルは、老舗で格式高く、ちょっと贅沢。ひとりでは泊まりにくかったりします。

いくつかの条件の中でも、清潔さは絶対にはずせないので、ひとりのときは、比較的新しい、オープンから1、2年、せめて5年以内のホテルを探すようにしています。新しさやフルリノベは、ホテルも強調したいところなので、サイトにも目立つように書かれています。

そして、清潔さについては、クチコミを必ず見ます。私調べでは、「清潔じゃなかった」「ホコリがたまっていた」「髪の毛が……」などは、低い評価の理由としてクチコミに書かれている確率がとても高い。

そこで予約サイトのクチコミは評価が低い方から見ます。嫌なことって人それぞれ。低い評価の理由が私には気にならない場合もあるので、それを確認する意味でも目を通します。キツいクチコミへのホテルの返事にも注目しながら読むとなかなか興味深いです。

また、グーグルマップで気になるホテルを検索すると、そこにもクチコミがあります。こちらは、「新しい順」というのをクリックして、最新のクチコミから1年以内のものを見ます。予約サイトのクチコミより辛辣《しんらつ》だな、と感じるのは、ホテルとの利害関係がないから？　その分、とても参考になります。海外の場合でも、クチコミは自動的に日本語に翻訳され表示されるので、一読してみるとよいかと思います。

ちなみにレストランも、レストランサイトでは評価が低いものから、グーグルマップでは最新から見ます。

✦ひとり旅では安全さも譲れません

安全さは、安心、リラックスにつながっていると思います。

公共の交通機関から近く、夜遅くても明るい道を通って帰ることができるか。ひとり旅で夜遅く帰ることはそもそも避けたいですが、夜中でも安全に帰れるホテルなら特によしです。

24時間、誰かがレセプションにいて、入り口が表通りに面していて、清潔に整えられているか。入り口のドアが小さくてホテルはビルの一部、なんていうのはよろしくありません。流行《はや》りの民泊もひとりでは避けています。

大きなホテルでも、夜になると、入り口が意外にひっそりしていたことがあります。京都で、入り口が観光地でもある大きなお寺の裏にあり、昼間は賑やかだけど、日が暮れたら真っ暗とか。また、昼はとてもすてきだと思ったホテルの前の木々が繁る庭（池あり）を、夜は暗い中ひとりで歩かねば入り口にたどり着けず、ビビったことも。

そして、できればホテルのエントランス前にタクシーがつけられるほうが、楽だし安全です。ひとり旅は公共の交通機関で！と思っていても、疲れてタクシーに乗ってしまうこともありますから。

このあたりは行ってみなければわからない場合もありますが、今はグーグルマップのストリートビューでかなり確認できるようになりました。

✦忘れてはならない館内の安全

最近のホテルでは、部屋のキーをかざさなければ行きたい階に止まらない仕組みのエレベーターが多くなりました。

考えてみれば、ホテル内を自由に人が行き来できないほうがいい。新しいホテルで、ある程度大きな企業が経営するホテルなら、その点はクリアしています。ハイアットやヒルトンなどの大手ホテルチェーン（特に海外）、ＪＲなど鉄道系、航空会社系、そして三井グループとかダイワハウスなど。

私は、予約のときにエレベーターからあまり遠くない部屋をリクエストすることもあります。足が弱くなった母との旅行でお願いしたのが最初でした。

ホテルの構造によっては、ものすごく長い廊下を、ひとりで荷物を持って歩かなければならない場合があって、ちょっと疲れます。海外では客室のドアが並ぶ廊下を長々歩くとき、なぜか、そこはかとなく不安になったり。エレベーターのすぐ前も嫌ですが、できたら遠すぎないところがいいな、と。

✦ひとりにラクな立地

ひとり旅のしやすさという面からの立地も大切です。行きと帰りに必ず駅に立ち寄るのだからと、深く考えずに駅近にして後悔したことも。

日本も海外も地方都市は、繁華街が生まれた後に、鉄道の駅がやってきたというところが少なくありません。昔から賑やかだったところや古《いにしえ》の街並みは、駅と離れていることが多い。国内なら、金沢、富山、京都、長崎、みんなそう（駅ができて駅周辺が大資本の進出で発展し、古い商店街が疲弊しているパターンもありますが）。

買い物や観光の合間にホテルに荷物を置きに戻って、ひと休みできたら、ほっとします。ひとりでカフェに入るよりずっと楽。その分、ホテルに費用をかけてもいいのではと思い、最近は、その街で行きたいところを確認してからホテルを決めるようになりました。

✦自分にとっての心地よさをあきらめない

心地よさって、人それぞれです。私の場合、高層階が苦手です。「タワーリング・インフェルノ」という映画（傑作です）を思い出すから。

それからデザインの印象も意外に大きい。自分が好きな感じで、落ち着くかどうか？　ホテルのサイトでは部屋の詳細がわからないこともありますが、どうしても気になるときはグーグルマップのクチコミ欄やブログに一般の人がアップしている加工なしの写真で確認できます。

そして、バスタブ。1泊までは我慢できなくはないけど、私には必要で、特に深いバスタブに惹《ひ》かれます。海外のホテルはバスタブなしが多いので、メールまでして切望し、確約してもらうこともあるほど。

ただ、大浴場があれば部屋になくてもＯＫです。国内では、最近はセキュリティのしっかりした大浴場が併設されているホテルが増えました。三井ガーデンホテルやカンデオホテルズなど。女友だちとの旅では、裸の付き合いを躊躇する間柄もあると思いますが、ひとり旅のときはとってもラクチンです。

また、シーツフェチなので、シーツが気持ちいいとリピートしたくなります。部屋にお湯を沸かせるポットがあるかどうかも譲れないポイント。最近はほとんどのホテルに電気ポットがあります。持参したティーバッグでお茶を淹《い》れてすすりたい。

ひとり旅のホテルって、どうしても安全、立地、機能優先になります。ホテル好きなのでちょっと味気なくもありますが、物語のあるホテルはひとりだと割高にもなりがちなので、仕方ないのかな。

『旅はゲストルーム』（浦一也著、光文社知恵の森文庫）という名著があります。建築家である著者が、世界中で宿泊したホテルの部屋を実測し、家具や備品、そのディテールまでを、50分の1の縮尺で記録（水彩着色）した、詳細な部屋の平面図と、そのホテルにまつわるエッセイが記された本です。この図が、それぞれのホテルのロゴ入りの便せんに描かれているのがまたいい。鮮やかなカーペットの色やテクスチャー、凝ったデザインのソファなども1枚の図にギュッと凝縮されています。

この文庫はいつも枕元に置いていて、いつか泊まりたいホテルのページを折って眺めています。あ、ここ、ひとりでも泊まれるかも、とか思いながら。

第2章 国内ひとり旅

旅の目的はふたつあれば十分——富山から飛騨高山へ

「富山県の利賀《とが》村にあるオーベルジュに行かない？」と、おいしいものに詳しい友人が誘ってくれました。シェフが富山の食材に惚《ほ》れ込んでゼロからつくりあげたと聞いて、ふたつ返事でありがたくお受けしました。

その利賀村は1000メートル級の山々に囲まれ、清流が流れる村。オーベルジュまでは、富山駅から高山本線で、「おわら風の盆」で知られる越中八尾まで行き、車で峡谷を縫うように走って1時間ほど。

うん？ 高山本線？　サイトで行き方を確認していて思わずそこに反応してしまいました。私が乗ってみたかった線じゃないの？

ということで、友人とオーベルジュを訪れた後、ひとり残って、ずっと乗ってみたかった〝あの特急〟で、かねてから行ってみたかった〝あのパン屋さん〟へ、行ってみることにしました。

✦あのシュトレンのお店に行きたい！

さて、友人とオーベルジュを満喫し富山で別れた後、私はひとりであこがれのパン屋さんへ。そのパン屋さんとは、飛騨高山にあるブーランジェリー「トラン・ブルー」。飛騨高山にありながら、全国でその名を知られているパン屋さんです。

私が知ったきっかけは、「クリスマスのシュトレンがとてつもなくおいしい」という噂でした。お取り寄せしてみたら、もうそれはそれはおいしかった。

かれこれ12年くらい前。私はシュトレンにハマっていました。東京で買えるものはもちろん、おいしいと聞けば地方からも取り寄せて食べ比べていました。その数、40店以上。いやはや……恐れを知らず食べまくっていました。

というのも、シュトレンは、最後にバターの海にドボンとつけ、真っ白な粉砂糖をみっちり&がっつりまとわせる、カロリーなんて歯牙《しが》にもかけないよ、というドイツ生まれの菓子パン。それを40店＝40本って、ねぇ。

そんな中で、もうずっとここのシュトレンだけでいい、と思わせてくれたのが、トラン・ブルーだったのです。以来、毎年取り寄せています。

ドイツ語で「シュトレン」とは、「坑道《こうどう》」の意味だそう。あの形、そう言われればそうですね。フランスのアルザス地方やオランダ、スイス、デンマークと今は世界中で愛されていて、味わいもいろいろ。日本ではクリスマス菓子として11月頃から見かけますが、欧州では一年中、季節に合わせたものを売るお店もあります。

私は、お酒に長時間しっかり漬けられたドライフルーツが入っていて、ベースは重ためが好き。しかし軽やかさを出すアーモンドプードルも多めで、外はサクッと感がほしい。粉砂糖はみっちり。全体は大人っぽく甘すぎないけど、まだらにしっかり甘いところもあるのがよろしい。シュトレンは、まだら味大歓迎なのです。

トラン・ブルーのシュトレンは、そんな好みにジャストミートだった、というか、「あぁ、私はこういうシュトレンが好きだったのか！」を形にして示されたようで、感動したのです。

料理教室でお出ししていたら、今では私同様、取り寄せする方がたくさん。いつか行ってみたいな、飛騨高山か……と、かれこれ12年以上。というわけで、今回の旅につながりました。

✦ふたつ目の目的は？

いつかきっと、と妄想するうちに、高山本線の「特急ひだがおもしろいよ」という噂も入ってきました。私は鉄分多めの、やや乗り鉄、列車好き。特に昭和風味のゆりかごのような、ガタンゴトンな揺れを愛しています。

富山と名古屋を結ぶ特急「ひだ」。中でも30年以上前の古い車両（旧式のキハ85系）は、懐かしの昭和感満載で、窓が大きく、座席も広いらしい。そしてその大きな窓から広がる景色は、川の絶景だよ、と。人が入れないような急流や巨大岩の間を流れる川を真横に見ながら、まるでその川を上り下りするかのように列車が走る！というではありませんか。

「ひだ」と「トランブルー」のふたつを目的に、路線図をじーっと見つめて、富山⇓飛騨高山⇓名古屋を、古い車両の特急ひだに乗り、名古屋から東京へは新幹線で帰る、というコースを決めました。

特急「ひだ」路線図

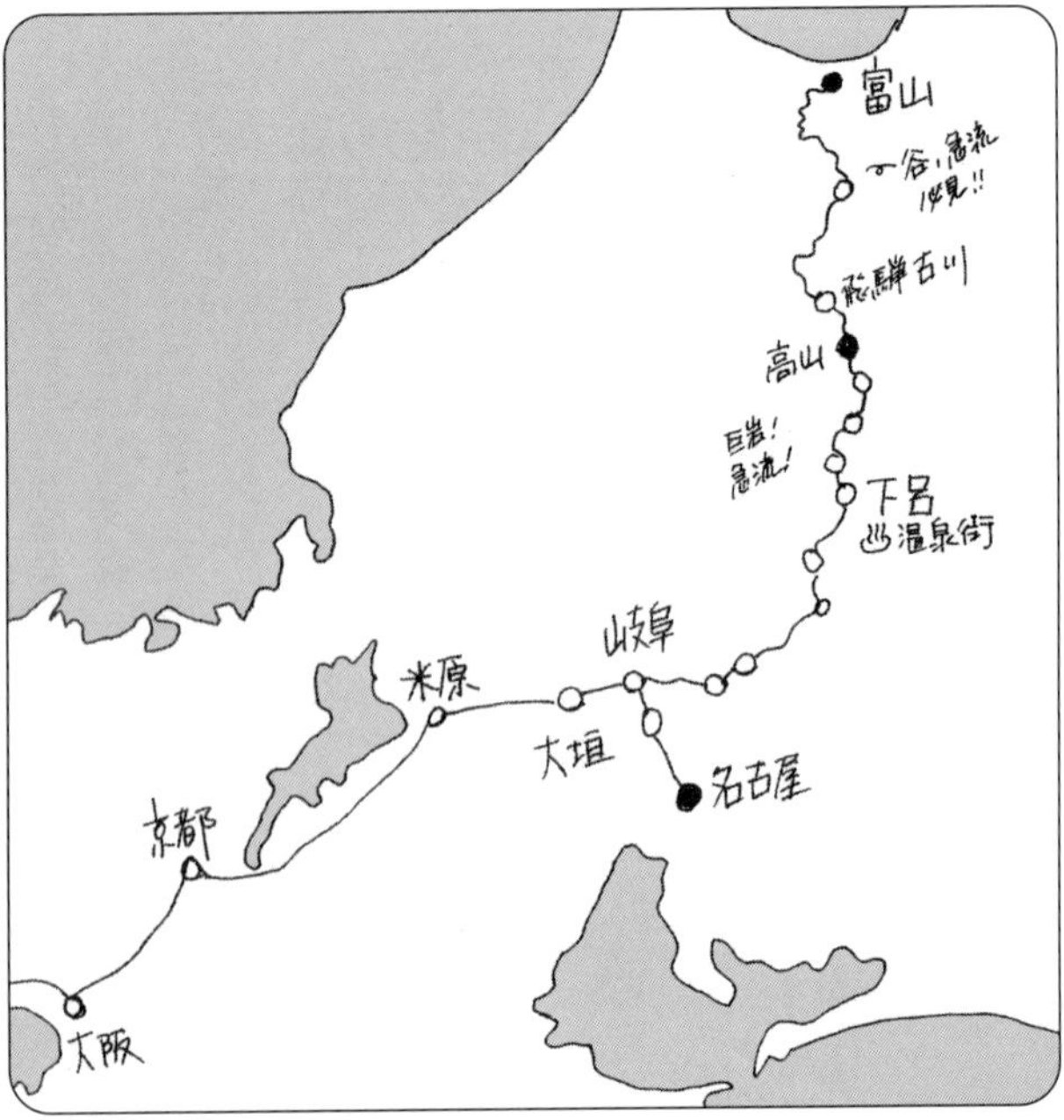

✦特急ひだの昭和感満載の列車に惚れる

旧式のキハ85系というのが、目当ての列車でした。新型車両が導入されて人気ですが、富山から高山は古い車両が走っています。旅の目的そのものですから、奮発してグリーン車に。

まずは、車内にちょっと感動。座席部分がひな壇になっています。専門的には、「ハイデッカー座席」と言うらしいです。真ん中の通路より座席の床面が1段高い作り。

座ってみて思ったのは、ずいぶんと見晴らしがよくなるんだなぁということ。それにこの1段で、パブリックな通路とプライベートな私の席と、空間が分かれる感があって、なぜか気分が上がる。新しい車両はバリアフリーなので、古い車両ならではかな、と思います。しかも、グリーンは2席と1席の組み合わせで、1列たったの3席。座席が広い！

景色は進行方向、向かって左側に座った方が楽しめると思います。富山を出たら、あっという間になかなか豪快な山の景色に。そして小さな駅を通過するたびに、さまざまなことを考えさせられます。かつては栄えた駅だったのか、今は稼働していないであろう工場や、人のいない廃墟のような大きなアパート、廃業したと思われるツタがからまる旅館も見える。

わがふるさと長崎も含め、地方でその地の中央駅を離れると、いつもなんか胸がざわっとします。日々東京にいると、思いを馳せられないけれど、知らない無数の物語がたくさんあるのだ、と。

また、小さな駅で働いている駅員さんを見ると、自然に「ありがとうございます」という気持ちに。若い方がいればなんとなくほっとして、故郷なのかな、なんて想像して。

旅ではいつも「もしここで生まれ育っていたらどんな人生だったかな」と思いをめぐらせます。

✦ここに列車を通した情熱

この険《けわ》しい山の中を、いくつものトンネルをくぐり、分け入るように走る列車に乗っていると、自然と謙虚な気持ちになりました。この線路を並々ならぬご苦労で、もしかしたら命とひきかえに作り上げた、名もなき方々に頭が下がる思いがわき上がってきたのです。そして、森に山に、ああ、私たちが通していただいているんだ、と。

山と山の間を、時に渓谷を縫うように、川に沿うように、森に頭から突っ込んでいくように、列車は走ります。静かな美しい川の流れの場所では、胸元まで水に入って渓流釣りをする人の姿も見えました。まるで映画の「リバー・ランズ・スルー・イット」じゃないか。

川の流れを囲むような山の頂《いただき》や絶壁を見ていると、未確認生物がいてもおかしくないなと思えてきます。小さな日本でさえ、私たちが知っているのは自然の中のほんの少しなんだと、すとんと理解できる。

すごいねーと話す相手もいないし、ビールを飲んだりもせず、めくるめく山と川の景色に集中して、いろいろなことを思います。これはひとりであるからこその醍醐味。

私は友人が一緒だったら、すごいねすごいね！などと言いながら、何か話さなきゃと沈黙恐怖症になり、実のところ何も見ていない、考えていないという状況に陥りがちです。

今回はひとり、「あの橋、どうやって作ったんだろう？」「何人の人が携わったんだろう？」とじっと見つめ続けました。

時折、頂を削るようにして発電所やダムがあったりすると、仙人谷《せんにんだに》ダムの話を思い出します。完成までの犠牲者が３００名を超えたともいわれる壮絶なプロジェクト、黒部《くろべ》峡谷《きょうこく》の仙人谷ダム（黒部川第三発電所）建設のことです。それほどの規模ではないにしても、今、目の前にあるダムのために、いったいどのくらいの人が命がけで？と……。

人知れずこんな偉業をなした人がいるのだよな、地上の星が、と。中島みゆきさんの歌（ＮＨＫの番組「プロジェクトＸ」の主題歌）が脳内に流れてきました

（ミーハーすぎてごめんなさい）。

とにかく、こんなところを列車が走っていること自体が奇跡なんじゃないか、そのくらいすごいところを走り抜ける——。目を見張っているうちに、列車は2時間ほどで高山駅に到着しました。

✦高山駅で車両連結を見て、いざ！

ここでは、名古屋に向かって追加される4両の車両をつなぐところが見られます。そうなんです、この日、富山駅から高山駅までは3両編成。ここから名古屋駅までは乗客が増えることを見越して、高山駅で4両足して、7両編成にするのです。鉄子の私は珍しいこの作業に興奮。このために来ているのかな？と思われる鉄男さんたちにまざって写真も撮りました。

高山駅はさすがの観光地で、とても立派な駅です。飛騨の木をふんだんに使った駅舎は美しく、広く、気持ちいい。トイレもきれいだったし、ロッカーも充実していました。

帰りは名古屋から新幹線に乗る予定なので、名古屋駅行きの特急ひだの時間をチェック。だいたい1時間に1本あるようなので、ざっくり高山滞在時間を3時間と決めて、いらない荷物はロッカーに入れて、街歩きに出発です。

ところで、高山駅のある岐阜県高山市って、日本でいちばん大きな面積の市なのだそう。その90パーセント以上は森林。北アルプスの槍ヶ岳《やりがたけ》や、奥穂高、西穂高に挑戦する方々が降り立つところでもあります。

初めて降りてみると、駅前は街道を思わせる賑やかな通り、そのすぐ後ろに迫る凛々しい山々。けっこうな重装備の方もいて、新田次郎の『孤高の人』『槍ヶ岳開山』（おすすめ）や、井上靖の『氷壁』を思い出し、ぶるっと震えました。

✦至高のシュトレンのトラン・ブルーへ

高山駅を出たら、トラン・ブルーを目指します。観光客のみなさんが訪ねる高山《たかやま》陣屋《じんや》などのある江戸時代の風情漂う古い街並み……とは真逆の住宅街の方へ歩いて20分くらい。

グーグルマップのクチコミによれば、行列必至で、整理券が発券されているよう。この日は平日の正午少し前でしたが、4、5組が並んでいました。20分ほど順番を待って店内へ。後から聞いたら、20分は短い待ち時間でラッキーだったみたい。いや〜、12年以上、あのシュトレンはここから発送されていたのかーと、感慨深くもあり。

店内には20種近いパンが並んでいました。お願いして取っていただくスタイルでしたが、これはコロナ禍だったからかもしれません。

すぐにつまむパン、帰りの電車のパン、と思い、まずはおすすめだった「すぐ食べてね」系のカスタードクリームに飛騨産のブルーベリーがのったデニッシュや、開店以来人気というミルティル、たまたま焼きたてのタイミングだった人気のクロワッサンを。さらに東京まで持ち帰るパンとして、シンプルな角食、デニッシュ生地の角型で人気の1斤売りのパン、少しあったハード系も購入。ここまで買う?ってくらい買ってしまいました（すべておいしくいただきました）。

パンのラインナップからは、デニッシュ生地、クロワッサンなどバター系の生地が得意なように見受けられました。実際、さくさくと軽やかでとってもおいしい。

シュトレンのおいしさにもつながっていると感じました。普段はハードな食事系のパンにばかり目が行くのですが、ケーキのような、リッチで繊細なデニッシュに久々に目覚めさせられました。

もしかしたら、このすてきなマダムが、何度かお電話やメールでやり取りをした方かも?と勝手にひとりでうるっと感無量に。でもビビリなので話しかけられず、これでいいのだ〜と頭の中で口ずさみながら、大きな袋にいっぱいのパンを詰めてもらって、お店を後にしました。

✦人生ベスト3の水ようかんに出会う

さて、目的は果たしたけど、せっかくだから江戸時代の街並みも、とパンを抱えて散策。高山に行ったら寄ってみたかった「ゑ《え》ま庄古《ましょうこ》民芸店《みんげいてん》」へ。手の込んだ古《いにしえ》の生活道具をしばし見てから、すぐ前にあった「飛騨高山まちの博物館」へ。

展示を見て高山のことを少し学び、係の方におすすめの散策道を尋ねたところ、江戸時代からの街並みである上一之町、上二之町、上三之町あたりを歩いては?とのこと。アドバイス通り歩いてみたら、創業元禄8年なんていう酒蔵さんも。歴史ある酒蔵を歩いてまわれるって魅力的。

名物だと聞いた「麦落雁《むぎらくがん》」をどこかで買いたいなと思い、ここはググったりせず、自分の直感で決めることに。こういうときは、本当に〝なんか匂う〟という直感だけ。ただ後から何を見て決めているかを考えてみたら、徹底的に掃除された清潔な店先、こだわりを感じる包装紙・ロゴ、代々家業としてやっている感あたりを決め手にしている気がします。

下二之町で見つけた「巻葉屋分隣堂《まきばやぶんりんどう》」さんもそうでした。

小さな麦落雁と塩らくがんを包んでいただいているときに、ふと目に入ったのが、季節限定の水ようかん。そのパッケージ、たたずまいに見入ってしまいました。

賞味期限は「本日中」とあり、これから東京に帰るから大丈夫と求めましたところ、「絶対に、水平のまま持って帰ってくださいね」と言われ、保冷剤多めで、しかもそれが直接当たらないように丁寧に包装してくださいました。無料で。これって、もう理屈じゃないんですよね。「うちの水ようかん、いい状態で食べてほしい」という作った人の気持ちの表れ。痛いほどわかりますから、忠実に全集中で持ち帰りました。

そしてこれが、人生ベスト3の水ようかんに！　秋には飛騨高山名菓、栗よせもあるそう。

「もうかなり長くやられているのですか？」とお聞きしたら、「いえいえ、うちはまだ新しくて、95年ちょっとです」とのお答えでした。

✦特急ひだの真骨頂は高山から名古屋にあり

帰りは名古屋まで。再び特急ひだで。

いやはやこれがすごかった。列車は高山から飛騨川に沿うように走り抜けるのですが、この川の景色が言葉を無くすすさまじさでした。人なんてひとたまりもない、一瞬もそこにはいられない、見たこともない川の姿がありました。

上流の、20畳くらいありそうな巨岩がひしめき合う姿、そこを水しぶきを上げて流れる川、そこからほんの数百メートルで、青空の下、釣りを楽しむ人を見守る静かな姿にがらりと変わる表情に、畏怖《いふ》の気持ちが湧いてきました。

岐阜って、木曽川《きそがわ》、長良川《ながらがわ》が、下流に向かって合流するように流れるところなのですね。目の前に広がる景色に、思い切って乗ってよかったと心から思いました。

映画以上の車窓の興奮を胸に、12年来の恋するパン（大量）と水ようかんを水平に胸に抱えて名古屋駅を走り、新幹線のぞみに飛び乗って帰路につきました。

そしていまだに不思議なのですが、岐阜駅から特急ひだは急に逆向きに走りはじめます。東海道線に入るため、とのことでしたが、あんな都会の駅で進行方向が逆になるなんて、初めてだったな。

あ、そうそう、のぞみの車内で充電しながら思ったのですが、旧式の特急ひだには、たとえグリーン車でも電源がないことだけは、どうぞお気をつけください。

あずさに乗って、彼女が眠る地へ——甲府

甲府には、大切な人のお墓があります。

18歳のとき、長崎から東京に出てきた私は、目黒にある伯母（母の姉）の家に住むことになりました。とにかく20歳まではひとり暮らしはダメ、そこに住みなさいという母のお達しでした。

大学生で暇だった私と、専業主婦で自分の子どもはすべて独り立ちし、少し時間ができていた伯母は、わりと長い時間を一緒に過ごしました。今思えば、その頃伯母は60代だったと思います。その伯母が、甲府に眠っているのです。

伯母は、私の料理の先生、私に家庭料理の楽しさを教えてくれた人です。料理そのものだけでなく、食材のことも、買い物の仕方も、いいものの見分け方も彼女との生活の中で教わりました。

私の生家は、観光旅館でした。地方の家族経営で、商いと家の暮らしがとても近く、家には両方を手伝ってくれる人が常にいました。母は料理上手でしたが、食材は毎日届くから、買い出しに行くことはめったになかったのです。

しかし伯母は違いました。朝から家中に掃除機をかけ、洗濯もして、孫も預かる。家族のごはんをゼロから作り、その買い物もひとりで行く。私はそれを手伝うようになりました。これが本当に楽しかった。

✦初めて見る食材、食べたことのない食材

中でもいちばん楽しかったのが、買い出しでした。チーズ、珈琲《コーヒー》、ジャム、缶詰、ワインなど、見たことのない外国産のものが並ぶ、長崎にはなかったしゃれたスーパーマーケットへ行くのです。私はいちいち手に取り、裏を返して、ふむふむ、へぇ～っと、もう驚きの連続でした。「これ、買ってみていい?」と私が聞くと、伯母は「なになに? へえー、いいけど、ちゃんと食べなさいよ」と。

今ほど種類は多くなかったけれど、今より老舗《しにせ》が多く集まっていたデパ地下、特

に渋谷にあった東横のれん街へはよく行きました。そこでも、ほ〜、食べてみたい！と思うものばかり。ローマイヤのレバーペーストとか、井泉《いせん》のクリームコロッケとか。

伯母には、「これはあそこで買う」というこだわりがあって、そのルーティンも一緒にまわりました。当時、お米は小田急ハルクの地下、筋子《すじこ》は上野の松坂屋、鶏肉は築地の、牛筋は大森の、と私には違いがよくわからなかったけれど、ついて行きながら覚えたことがたくさんあります。

遠出して買いに行った卵がプリンになり、牛筋が煮込みになり、コロッケもカキフライも、なにしろ伯母が家で作るものすべてがおいしくて、クリスマスも誕生日も、伯母の家に友だちを呼びました。

東京人の伯父と結婚して長崎から上京した伯母は、40年近い間に都会で揉まれ、鍛えられ、東京で手に入るいろいろなおいしいものの達人になったのだと思います。『家庭画報』や『暮しの手帖』を毎月読み、掲載されている店へ出かけて、スポンジみたいに吸収したのかもしれません。

そして間違いなく伯母自身が、生粋の食いしん坊だったのだと思います。食いしん坊は、おいしくなるのなら、面倒なことでもいとわずやります。ひと切れの鶏肉でも、そっちがおいしいとわかっていたら、遠くまで買いに行く労を惜しみません。「旨い」のための手間を省くのは〝もったいない〟と、私は伯母との暮らしで、学びました。

✦行きたくなる甲府を探せ！

その伯母が、暮らしたことのない甲府で眠っている。

なぜかといえば、伯父の本家の墓があるから。明治生まれの伯父がその墓に入ると遺言して先に亡くなり、伴侶がそうするのならばと、伯母も後にその墓に入ると言い残して亡くなりました。

伯父が一緒だとはいえ、なかなかに寂しい環境ではないか？　きっと同じ墓に入っている人も知らない人が多いだろうし……と思いつつも、年に1回くらいしか訪ねられず、しかも、いつも墓参りだけでそそくさと帰っていました。そそくさすぎて、伯母のお墓のある寺が甲府の街のどのあたりにあるのかさえ、わからないままでした。いつかゆっくり、甲府に。これも伯母がくれた縁だから、甲府の街を歩いてみたい、と思っていたのです。

そこへ登場したのが、「アキトコーヒー（AKITO COFFEE）」でした。それは甲府が誇るサードウェーブコーヒーの雄だというではないですか。

島原（長崎県）で、「もちもち全粒麺」という唯一無二の絶品麺や、私史上最高のそうめんをつくる伊崎洋明《いざきようめい》商店の伊崎洋二さんが、インスタグラムで「いいね」していて発見しました。

この人がフォローしておすすめしているからには、何かあるに違いない。気になる。

かくして、〝行きたくなる甲府〟が見つかりました。伯母のお墓とアキトコーヒーを楽しみに、甲府へ1泊、行ってみよう。

✦あずさに乗って、私は私は〜♪

宿は、いつものひとり旅のルールに従い、清潔で新しい、駅に近くて安心な場所にある、まあまあ大きな資本のホテルという条件で探したら、「城《しろ》のホテル 甲府」がヒット。駅から徒歩1分で、甲府城跡の公園に隣接していて、なんと、ありがたいことに、屋上にアルプスの山々が見える露天風呂つき大浴場があるそう。楽天トラベルで見たら、価格はビジネスホテルプライス。部屋は広くないけど、それもまたひとりにはよし。

　新宿駅から甲府駅までは、あずさかかいじで約1時間半です。あずさに乗ると、「あずさ2号」を熱唱したくなるのは私だけでしょうか。

ちなみに、現在の8時ちょうど出発は、「あずさ5号」らしいです（当時とは反対に下り線が奇数、上り線が偶数）。ともあれ、7割鉄子（鉄道好き）なので、あずさってなんかアガる〜とあずさにしました。

　初のひとりあずさで甲府駅に到着すると、駅ナカに、山梨ワインがグラスで飲めるカウンターが登場していました。わ！と一瞬小躍りしましたが、ちらっと様子を見て、帰りに挑戦することにし（ビビリなので）、駅から歩いてすぐのホテルへ。

　すると、なんということでしょう。ホテルの1階にも、1コイン（500円）で山梨ワインが飲める、セルフサービスのカウンターが！　ステキすぎる。誰もいなかったので、1杯だけいただきました。ほっと一息。

ホテルに荷物を預けて、さっそく、伯母のお墓へ向かいます。ここは歩くか、バスにしたい。グーグルマップで調べると、お墓がある一蓮寺《いちれんじ》までは、甲府駅からバスで5停留所ほど。昔ながらの繁華街に近いみたい。甲府の中心地だったのか〜と、今さらながら思いました。

地元の人に混ざって路線バスに揺られていると、暮らしているような気分になります。バスって、一気に街と自分の距離を縮めてくれるから好きです。

一蓮寺は、私にはあまりなじみがない時宗《じしゅう》のお寺で、一遍上人《いっぺんしょうにん》の像が迎えてくれます。この日は伯母に「明日また来るよ、今日は近くに泊るよ、ひとりだよ、よろしくね」と挨拶しました。

✦お墓では願い事を

子どもの頃から母に（たぶん母は祖母に）、神社や寺で願い事をするなと教えられてきました。神社では「今日もありがとうございます」と、お礼だけを言うように、と。

でも、ねえ、神頼みしたいこともありますよね？　それで私が唯一、願い事をするのが、今は亡き、自分および家族の関係者です。しかも、リアルに会ったことのある人に限っています。具体的には、何人かの伯母や伯父たち、祖父母。

ほかの神様が何かと忙しくて、私よりもっと大変な人のために奮闘しているときでも、彼女たちなら、私の声に気づいて、私の用件（願い）を聞いてくれるのではないか、と。それで、お墓ではいつもお願い事をします。「今進めている本がちゃんと出ますように」「ハードル高すぎると思いつつ受けた仕事がうまくできますように」などなど。

私はこのとき、ちょっと煮詰まっていて、甲府に行って伯母にお願いしたいことがあったのです。明日までに頭の中を少し整理して、具体的にお願いしよう。

✦ひとり晩ごはんは定食屋さんで

夕方、ひとり旅の懸案事項、ひとり晩ごはんの時間がやってきました。

この日、お墓からホテルまで歩いて帰る途中で、いい店を偶然見つけていました。午後2時過ぎだったのに、外で待っている人がいて、それがみなさんおひとりさまの男性客。ちらっと中を覗いたら、ご近所風のおばあちゃんやおじいちゃんもひとりで食べていました。

経験から、近所の人が来るのはよき店、それも高齢者なら間違いない、と思っています。しかも駅や繁華街から少し離れているのに人が並ぶなんて、いい予感しかしません。ちょうど出てきたお店のお姉さんに「夜もやっていますか?」と聞いたら、「5時からやってるよー」と。お店の名前は「若奴《わかやっこ》食堂」。

混む前がいいなと思い、5時に行きました。50種を超えるお品書き短冊が壁にずらっとあって、定食にもできるし単品でもOK。思いのほか楽しい、楽しすぎます。

まず、肉なすピーマン炒めと熱燗《あつかん》1合を頼んで様子見を。盛りの大きさがなんとなく分かったので、ポテサラ、なっとろろ、おつまみワンタンとお願いして、欲望のおもむくままにつまむ。はあ~幸せじゃ。

だんだんとお客さん（8割が男性）が増えてきたところで、ささっとお会計をして退場。さすがにひとりで長居すると目立ちそうだったから、こういうお店は混む前、開店と同時に行ってさっさと帰るに限ります。

まだ7時前、歩いてホテルへ戻り、みんな晩ごはん中だからか、ガラガラの露天風呂に入り、湯船で仁王立ちしなければ見えない甲府城跡をチラ見しながら、ゆっくりくつろぎました。

✦走って、朝風呂して、コーヒーを

翌朝は、まず走りました。朝のランニングは、私のひとり旅の恒例行事。バスに乗ったり歩いたりするのに負けず劣らず暮らしている感が増すのが、朝ランだと思っています。街の大きさもなんとなくつかめるし、閉店している朝の店の姿は意外に雄弁で、働く人の店への愛が見える。

ホテルのある甲府駅前からすぐの石段をのぼり、甲府城跡へ。のぼりでヘロヘロになったので、少しペースをゆるめながら逆側へおりたら、老舗の岡島百貨店がある中心街でした。

それにしても、甲府城って誰の城？　武田信玄は甲斐のヒーローだけど、違うよね？　その後に江戸時代があったわけだしな……とつらつら考えながら走りました。

後で調べたところ、甲府城を完成させたのは、浅野長政《ながまさ》・幸長《よしなが》父子だそう。関ヶ原の戦い以降は徳川家一門が城主となる城に。その後、側用人《そばようにん》から大出世した柳沢《やなぎさわ》吉保《よしやす》が城主となったそうです。

この朝ランで、日本アルプスの山並みの美しさに初めてハッとさせられました。5分で海に出るところで育った私には、くっきりと黒い険しい稜線、恐れを感じさせる山の姿がとても新鮮でした。一切の人工物を拒絶するようかのような、美しく気高い山が近くにある日常って、どんなだろう。

宿に戻って朝風呂へ。ひとりだったから仁王立ちしたら、今度は富士山が見えました。ツイてる！

✦ 珈琲迷子からの脱却

宿をチェックアウトし、いよいよアキトコーヒーへ。コーヒーと、もしもあったら、ブランチに少し甘いものをいただいて、再び伯母の墓へという計画です。

ミシュランは、遠方からでも、タイヤをすり減らしてでも行くべき店に星をつけます。結論から言うと、アキトコーヒーはそんな店でした。

甲府駅の北口、ホテルとは逆側にあります。北口は高い建物が少ないせいか、美しい山々をさらに近くに感じます。アキトコーヒーは並木道沿いで、間口1間くらいの古民家をリノベーションした小さなお店でした。2階で外を眺めながら、コーヒーやケーキをいただくことができます。

カウンターでは、ハンドドリップで1杯ずつコーヒーが淹れられていて、店に入った瞬間、その香りに包まれます。天気のいい初夏の日、古いガラス窓からゆるく斜めに入る日射しにコーヒーがゆらゆら、時間が止まったようでした。

私が選んだのは、やや浅炒りのコーヒー。実はここ数年、コーヒーがおいしいと思えなくなっていました。お願いして取り寄せした豆もなんだかピンとこない。おいしいと聞いて訪ねた店も、なんか違う。これはコーヒー迷子か。コーヒーが嫌いになったのかも?とさえ思っていました。それで、ずっと深炒り一辺倒だったのをやめて、浅炒り系も飲みはじめたばかりでした。

うーむ、これは……叶うことなら毎朝飲みたい、と久しぶりに思いました。これにてコーヒー迷子からの脱却。よかった。

浅炒りのコーヒーは、ともすれば麦茶のような印象になりがちですが、ここの1杯は、コーヒーの深い香りがしっかりして、酸味も程よい。そして、優しかった。

✦夢のキャロットケーキに出会う

私は自称キャロットケーキオタク。発祥の地と言われる英国でも、見かける率がかなり高いニューヨークやボストンでも、日本でも、食べに食べました。すり下ろしたにんじんがたっぷり入っていて、それが生っぽくなくて、どっこい負けないくらいバターも入っていて、サワークリームのアイシングがのっていて、しかし軽やかさもあるタイプが好きです。

アキトコーヒーで、ふと目に留まったキャロットケーキも、もちろん食べてみました。そうしたらこれが、あなた、大変な代物だったのですよ！　スパイスが効いていて、砂糖が控えめで、しっかりしているのに軽やか、いい意味で個性的。これまで食べた記憶に残るキャロットケーキを超えてマイベスト1に。

手間を惜しまず、媚《こ》びず、作る人が自分の好きな味に仕上げているキャロットケーキだなと思いました。どんな人が焼いているのかな。お客さんに出すけど、自分らしさがぶれない、お客さんの好みを意識しすぎないって難しいんだ。

✦伯母と一緒にコーヒーを

そうだ、伯母と飲もう、と思い立ち、コーヒーと、こちらもそそられたブラウニーを買って、昨日のバスで再び墓前へ。伯母にコーヒーを供え、私もコーヒーを飲みながら、あらためて少し話しました。

私が料理の世界へ足を踏み入れたとき、もう自分で料理することが叶《かな》わなくなっていた伯母は、「やっぱり好きだったんだね。食べることも、作ることも」と言いました。私に何かを作らせると、いつも勝手なアレンジをして、知らないスパイスを入れてみたりしていたもんね、と。

2冊目の本の出版が決まり、「今度はお出汁の本を出すんだよ」と言ったら、「あのね、家でお出汁を引こうなんて人は、もう絶滅しかかってるのよ。いまどきのお嬢さんたちにそんな本が好かれるかしらね？」といたずらっぽく笑っていました。あの会話が、意志のある伯母との最後の会話だったと思います。

知る人のない甲府で寂しいでしょ？　たまには話し相手が欲しいよね？と言いながら、話したいのは私の方でした。

あれから10年以上、伯母の予想通り、だしの本はそんなに売れなかったけれど、その後も本を出させてもらい、まがりなりにも料理家と呼んでもらっています。ありがとう。

でもさ、食いしん坊として手間と時間を惜《お》しまずかけて作りたい料理と、料理にスピードを求める人のための作りやすい料理、あちこち行ったり来たりしているんだよ、ブレブレなんだよ私、と話しかける。

「食べたい、よし作ろう！となれば、バスと電車で1時間もかけて牛筋を買いに行って煮込みを作ったね」「実は好きなのよ、と言ってインスタントのトマトスープを買ってたね」「熱々の白米に、鰹節とバターだけの昼ごはん、ふたりでよく食べたね」。そうだ、そうだ、と思い出しました。

どれも料理。そのとき食べたいと思うものでいいんだ。自分がおいしいと思うものを、てらいなく、紹介したらいいのかもしれないね。

墓前っぽいのはやめて伯母の好きな花にしよう、と駅前で買ってきた紫のカーネーション、紅茶色のバラ、ブルースターを活けて、お別れしました。

もちろん、たっぷりお願いもしてきました。いちばんの願い事をひとつ。さらに私が大好きな連載がまだまだ続きますように。長崎の母、つまり伯母の妹がすいすい歩ける身体に戻りますように。そうそう、できたら少し痩《や》せたいのよね（いや、ムリだから、という返答が聞こえた）。

帰りは、着いたときに見つけた甲府駅構内の山梨ワイン立ち飲みショップで、思いきって1杯。アキトコーヒーのブラウニー（これまた絶品だった）をお供に、あずさに乗りました。

法隆寺へ行ってみたら、新しい世界が開けた——奈良

奈良に行きたし、しかしひとり旅には少しハードルが高いかも、と迷っていました。かれこれ10年近く前、相方とふたりで旅したときの記憶によれば、東大寺も薬師寺も唐招提寺《とうしょうだいじ》もとにかく大きくて、それぞれが離れていて移動も大変、そして、夜は真っ暗、だったような気がする。行けるかな？ ひとりで。しかし、なぜかとっても奈良に惹かれる今日この頃。鹿が呼んでいるのか。

奈良といえば、鎌倉より、京都より、もっと前、いまの日本のはじまりの場所と言ってもいいところ。そして、聖徳太子。

そう、奈良といえば聖徳太子でしょう。当時、なんてったってアイドルだったはず。当時とは飛鳥時代、西暦600年代です。

そのイメージは、実は『日出処《ひいづるところ》の天子《てんし》』（白泉社）によるもの。80年代、一世を

風靡《ふうび》した山岸凉子《りょうこ》先生の、厩戸皇子《うまやどのみこ》＝聖徳太子が主役のマンガです。

男とも女とも、いや人とも思えぬ姿とオーラの厩戸皇子が、八面六臂《はちめんろっぴ》の活躍をします。あくまでも、理知的に、時に神秘的に。ただし、倭《わ》の国を危機にさらしたり、一族を裏切ったりするものには、まさに怒髪天《どはってん》を衝《つ》くかのごとき状態になり、形相も変貌して、相手を震えあがらせます。霊的・神がかり的な力を持ちながら、繊細で、自らのジェンダーに胸を痛めたりする一面も描かれていました。このマンガの影響ですっかり聖徳太子のイメージが固まっている50歳以上の方は、案外多いのではないでしょうか。

私もそのひとりです。聖徳太子といえば、『日出処の天子』、教科書にあった「十七条の憲法」、昭和の「1万円札」が浮かぶ。彼と推古天皇が建立《こんりゅう》したという法隆寺も、パワースポットと言われる夢殿《ゆめどの》も、行ったことはあるけれど、ただ、漫然と境内を歩いただけ。あらためて考えてみると、何も知らない。

聞けば、日本の世界遺産の第一号は法隆寺地域の仏教建造物だそう。東大寺の大仏でも京都の寺社群でもなく、まず法隆寺。なぜ？　なにがそこまですごいの？

✦そうだ、法隆寺へ行こう

広大な奈良も、ピンポイントならなんとかなるかも。新しいホテルもできたそうだし、奈良駅前に泊まって、遠足気分で法隆寺に行けばよいのでは？と思い、調べはじめました。そうしたら、見つけてしまったのです。法隆寺のガイドツアー付きの宿を。なんと、法隆寺の山門から100歩ほどのところに。

この宿は、宿泊すると、朝9時から2時間みっちり法隆寺をガイドしてくれるらしい。しかも前日の夜には1時間ほどのスライドによる法隆寺講座もある。ここで法隆寺にどっぷりつかってみたら？　すてきな1泊旅行になるんじゃない？

しかし、この「門前宿　和空《わくう》法隆寺」は、ひとり旅的ホテルではなく、旅館に近い様子。しかも、夕朝食付きプランしかありません。いつものビビリ虫がむくむくとわいてきました。きっと大勢の家族やカップルの中で、ぽつんとひとり夕食を？　無理むりムリ、と。

ううむ。でも待って。いつものひとり旅の課題、晩ごはんを心配しなくていいのって、ありかもしれませんよ、ね？　着いたらホテルから出なくていいし……と、不安をぎゅっと押し込めて、初の晩ごはん付き宿へ、いや法隆寺へ、ひとりで旅立つことにしました。

✦観光旅館でひとり晩ごはんに挑戦

法隆寺の最寄り駅は、ＪＲ西日本の法隆寺駅。奈良から在来線で3駅、11分。京都からＪＲ奈良駅まで行き、そこで乗り換えました。普通の、通勤通学で利用する人も多い電車です。

家の最寄り駅が法隆寺駅って、どんな感じかなと電車に同乗していた高校生を見て思い、いつもの〝ここで生まれ育っていたらどんな人生になっていたかな〟という妄想をしていたら、ほどなく着きました。意外にも（？）、住宅街にある普通の駅でした。

グーグルマップで調べてみると、宿つまり法隆寺までのバスは、なかなか来ないようだったので、今回は特別にタクシーに乗って（800円ほど）、とにかく宿へ。

たどり着いたのは、比較的新しいビルで、清潔でモダンなホテル風。まわりには本当に法隆寺しかありません。

案内された部屋があまりにも静かだったので、さっそくちょっと不安になりました。そこで、部屋を出て食事処や大浴場に行くときは、ミッションインポッシブルさながらに、誰かが侵入したらつまずくようにスーツケースをドアのすぐ近くに置いておきました。夜寝るときも。どんだけビビリなんでしょう。いったい誰が侵入してくるのか？　古の人々？　いや、そんな霊的な気配はゼロでしたけど。

心配していた広間での夕食は、やっぱりかなりのポツン感。全員が「あの人、なんで、ひ・と・り？」と憐《あわ》れんでいるはず、と得意の想像をしてみるけれど、見渡せば、どのテーブルもご自分たちが楽しそうで、私には興味なし。旅館でひとり晩ごはんに挑戦だ！　ソロ活だ！と意気込んでいたけど、はじまってみれば、街の店でひとり晩ごはんを食べるよりも快適だったかもしれません。

地ビールをお願いして、ぐびっと。そしてほっとすると、あ～、なんかひとりって気が楽だ。体重オーバー気味につき、白ごはんをスキップ、デザートもフルーツだけにしてもらう、なども気兼ねなくできます。

余裕が出てきてまわりのテーブルを観察すると、すぐ近くには、妙齢の女子4名と3名の2チーム。聞こえてくる会話や態度に、それぞれの距離感がうっすら窺《うかが》えます。

ついたてを挟んで、姿は女性の方しか見えないけど会話はよく聞こえるところに、60代かな？のご夫妻。悪趣味と知りつつ、会話を聞いてしまい、いやはや、めんどくさい男だぜ、と何も知らないくせに思っていたら、はじめは抗弁していた彼女（妻）が、うんうんそうですね、と話を締めたから可笑《おか》しくなりました。

ちなみに翌朝、おふたりは宿代を「割り勘にして」とフロントに頼み、個々でお支払い。え、ええ？

ほかにも、義母（たぶん）と娘（息子の妻）の会話、老境の姉妹の会話、ついつい聞いてしまいます。さまざまな関係があり、それぞれの物語があるのですよね。

それもこれも、この宿では法隆寺ツアーに参加すべく、宿泊客のほとんどが朝9時にロビーに集まるから。そう、お待ちかねの法隆寺ツアーへGO！　9時から2時間。今回の旅のメインイベントです。

✦神ガイドはフロントマン、法隆寺推しが熱い

2時間、歩いてまわる法隆寺。長すぎない?と思っていたけど、結論から言うと、あっという間でした。そして、すばらしかった。次は少し勉強してから、もう一度参加しようと決意したほどです。

ひとりで参加しているのは私だけでしたが、誰も気にしている様子はなく、ここでもとても自由。というかこのツアー、最初に、「出入りは自由です、疲れたら挨拶などせずに、するっと抜けてくださいね」と言われます。気が利いています。実際、ご高齢のご夫妻がするりと抜けられたよう。

そんな気が利いたガイドの君《きみ》は、なんとホテルのフロント係。「ただのホテルのフロント係です」と何回も言っていました。ベッドメーキングもやるし、チェックインもやるのだそうです。ご本人曰く、プロのガイドではなく、ただの〝法隆寺好き〟と。

でも、いや、だからなのか、法隆寺愛があふれていて、話したいことがいっぱい

で、その暑苦しさがすごくよかった（ほめてます）。法隆寺推《お》しっぷりが、こちらもうれしくなるほど熱く、気持ちよく、最高。「ビバ！　法隆寺」と背中に書いてあるのが、私には見えました。それで、ひそかに彼を「法隆寺《ほうりゅうじ》の君《きみ》」と名付けました。

彼曰く、本来は8時間以上かかるところを2時間にぎゅっと詰め込んでいるツアーなのだそう。確かに、映画1本に負けない、極上のエンターテインメントでした。

✦法隆寺にはすべての時代がある

さて、法隆寺の魅力を知りたくてやってきた、何も知らない私が、ここで法隆寺について語るのはやめておくのが賢明だ、とは思います。

でもなにしろ、ガイドツアーの2時間にわたり、へぇ～、へぇ～と首が痛くなるくらい頷き続けたので、その成果としてざっくり書いておきますと、まず法隆寺は世界最古の現存する木造建築なのだそうです。へぇ～、ほ～、です。だって、14

00年以上前に建てられたわけですから。

ギリシャやローマには、もっと古い紀元前の石の建築がありますが、法隆寺は木造です。びっくりでしょう？　残っているだけで奇跡かと。それで、世界中から建築関係者が訪れるのだそうです。

しかし、私レベルでも、何回か火事になったことは知っています。どういうことかというと、つまり、法隆寺には1400年前に建てられたもの（部分）と、その後、度重なる、というかルーティンとして継続的に修復されてきた部分が共存していて、それこそがおもしろい、らしい。

1本の柱に残る、削って別の木を埋めて修復した数々の痕跡。これが時代によって違う。ひとつの柱に様々な時代の木が埋めてあるわけです。創建時の飛鳥、奈良、平安、そして鎌倉、室町、戦国、江戸、さらには明治、大正、昭和と、さまざまな規模で手をかけられた跡があり、その時代の技術があり、流行りの造形がある。修復の痕跡を示しながらの説明に、〝がってん！〟を押し続けました。

さらに手のかけられ方に、その時代に法隆寺が置かれていた状況も見えるというのです。大切にされていた時代もあれば、ないがしろにされていた時代もあり。

折々に支えた人々の中には、痕跡を残しまくった為政者もいれば、名もなき篤志家《とくしか》もいる。うーん、おもしろいじゃないですか。

✦ここまで人を惹きつける魅力とは？

「東大寺は大仏、奈良公園は鹿、興福寺は阿修羅像《あしゅらぞう》と、みなさん、たとえ修学旅行でしか行っていなくても、印象に残っているんですよね。しかし法隆寺はどうでしょう？　あぁ、聖徳太子の？というだけで、なにを見たのか覚えていないのが法隆寺。なにがすごいのか、ひとつずつ説明します」と法隆寺の君。

なぜアーチを描く梁《はり》があるのか？　中央が太くなった柱の秘密とは？　中門《ちゅうもん》に立つ「あ像」と「うん像」の違い、違う理由、五重塔《ごじゅうのとう》の中にある塑像《そぞう》（塔本四面具《とうほんしめんぐ》・国宝）の解説など、もう、おおお！の連続でした。

「8時間かけても、1週間毎日通っても、十数年これだけハマっても、まだまだ尽きない魅力がある」と法隆寺の君は語ります。そのほんのかけら、おこぼれを教えていただいただけの私にも、その魅力、わかる気がしました。心の中で拍手喝采。

最後のスポット、鏡池の前に立ち、「柿くへば鐘が鳴るなり法隆寺」という小学生も知っている、正岡子規《まさおかしき》の句碑を見ながら、「実は、正岡子規は法隆寺にはたどり着けなかったのではないか、という説もあります」と。病が進行していて、たどり着けず、聞いたという鐘の音は東大寺なのではないか？とも言われているとか。

一通りの説明を終えた法隆寺の君は最後に、「大宝蔵院《だいほうぞういん》」と呼ばれる法隆寺の宝物を集めた館の見どころポイントが書かれた自作のプリントを配ってくれました。この後は、法隆寺の君なしでも楽しめるようにと。あぁ、なんという心遣い。

「百済観音《くだらかんのん》」や「玉虫厨子《たまむしのずし》」についてだけではなく、焼損し、残存した部分が収蔵庫に保管されているという世界三大壁画「金堂壁画《こんどうへきが》」（の模写）など、見逃し厳禁のものについて教えてくれ、さらには、百済観音が入っている非常に透明度の高い、特注でお値段がめっちゃお高いガラスケースのことまで。

このケース、実は百済観音を東京国立博物館に持っていくために特注したもので、コロナ禍で展示が中止になり、ここにあるとのこと。実際、このガラスケースが衝撃的な透明度で、いちばん感動しました（おい！）。

✦仏像の見方を習って仏像めぐり

ひとり旅は、自由で気ままだけど、決断の連続でもあります。自分で決めないと一歩も前に進みません。さて、大満足の法隆寺ツアーを終えてあと半日、夕方までどこへ行こう？

当初は、ひとりだし、ひとつひとつのお寺が大きく離れている奈良をまわるのはあきらめて、京都への帰りの電車で通る宇治の平等院《びょうどういん》あたりに寄ろうかなと考えていました。でも、ツアーの中で法隆寺の君に「仏像の見方」を教えてもらったおかげで、がぜん、仏像を見たい！という気持ちに。すぐに行き先を変えられるのも、ひとりの特権です。

受け売りのにわか知識で恐縮ですが、再びざっくり説明させてください、仏像の見方。

まず、飛鳥時代、はじめは銅製の仏像が多かった。唐から数か月間、船に揺られて来るから、無事にたどり着けたのが頑丈な銅像だけだったのではないか、と言われているそうです。

それで日本でも銅で作ってみたけれど、日本にはそんなに銅がない。次に「土で作ったら？　故郷では土だったよ」という渡来人からのアドバイスを受けて、土製（泥、粘土など）、つまり塑像が主流に。最初に木組みを作って、縄を巻き、粘土を塗りつけて作るそう。やわらかくて加工しやすいから、表情も作りやすく、修復もしやすく、材料も安価で手に入るので、たくさん作られたそうです。

しかし大陸や朝鮮半島では腐敗しなかった土が、湿気が多い日本では腐敗するケースがあり、長く持たないことがだんだん判明。しかもとても重い。

そこで、漆《うるし》を使った、張り子のような乾漆造《かんしつぞう》の仏像が作られるように。

中でも、脱活乾漆造《だっかつかんしつづくり》は、木と粘土で原型を作り、そこに麻布と漆を重ね、最後に芯となっていた原型を抜き取ってつくる仏像。とても軽いし、漆でつやつやして美しいいし、表情も繊細に作り込めるとあって奈良時代後期はこれが全盛に。

しかし漆もなかなか高価だし、大変ってことで、平安時代以降は次第に木彫りが主流に。はじめは1本の木から削り出していたけど、次第にばらばらに作って組み合わせる寄木造《よせぎづくり》に。ぱっと見は同じ木製でも、一周ぐるっと見ると、1本の木で作られているか、寄木かがわかるらしい。

その後、鎌倉時代になると、「瞳をうるうるさせたくなって」目に水晶を入れるようになったそう。

ここまで教わったら、見て確認したくなるでしょう？　むくむくわき上がる好奇心。東大寺にも、興福寺にも、宝物がまとめて収められたミュージアムがあると聞いたら、行くしかありません。

✦東大寺ミュージアムへ

いざ！ということで、まずは東大寺へ。JR奈良駅まで出て、ロッカーに荷物を預け、ここも時間節約でタクシーに。

女性のドライバーさんに「東大寺へ」と伝えたら、すてきな提案をしてくれました。「二月堂は行かれたことありますか？　よかったら坂の上なので、まず二月堂に行かれてから、下って来られては？」と。

おお、二月堂といえばお水取りじゃないですか。行ったことないです、ってことで、まずは国宝二月堂へ（タクシーで1000円弱くらい）。

清水寺に似ている、いやどっちが先なのか？　今の建物は江戸時代に再建されたらしいから……などと思いながら、見下ろせば奈良公園。ここから東大寺へは歩いて行くしかありません。しかしとにかく広い。まずは大仏殿を目指し、大仏様にご挨拶。そして、にわか仏像ウォッチャーとして、迷わず東大寺ミュージアムへ。新しくてトイレもきれいで、お宝をわんさか見られます。

特に奈良時代につくられたという2メートル超えの塑像、日光仏（日光菩薩）と月光仏（月光菩薩）が必見。もちろんおふたりとも国宝です。おお！　たしかに粘土か、と妙な感心。おだやかで美しいお顔をされています。

✦阿修羅像をめざして興福寺へ

正直、このあたりでバスかタクシーに乗りたい誘惑にかられましたが、いない。観光客からの餌だけがたよりで、コロナ禍で痩せ気味という鹿くんたちの写真を撮りながら、次の目的地、興福寺へ。以前、上野の東京国立博物館でお会いした阿修羅像に再会すべく、ひたすら歩きました。

　隣の建物が興福寺なのに、隣が遠い。ぜぇぜぇしながら歩きましたが、行く甲斐ありです。たどりついた興福寺の国宝館は、文字通り国宝の森、でした。

　かの阿修羅像は八部衆《はちぶしゅう》のひとりで、ほかの7人もそろい踏みです。以前見た上野ではものすごい行列で数時間待ちだったことを思うと、とっても得した気分になります。四天王立像も公開中だったので見られました。

　阿修羅像は、お顔立ちが涼しげなのに優しい。見ている人が同行者に「優しい顔だね」と話しかける率がとても高いと気づきました。私はひとりだから、「うん、そうだね」と心の中で。

　しかし、しかしです、私が顔立ち以上に感動したのが、彼らが脱活乾漆造!!だったこと。脱活乾漆造は、漆張りの中は空洞だから、ほとんどの方が、身長は150センチくらいで、なんと14キロほどしかないのです。軽い。だからこそ、火事などの災難を逃れて今日まで残ったとも言われています。誰かがひょいと抱えて逃げ出したのでしょうか。

　おー、これも、これも、脱活乾漆造じゃないか！と、いちいち喜びをかみしめる私。覚えたばかりの九九を一日中唱える小学生のような?この楽しさ、よろこび、もう法隆寺の君、さまさまです。

この旅で教えてもらった仏像の見方は、その後も楽しさを倍増させてくれています。後日ひとりで、大好きな三十三間堂（京都）に行って、ずらっと並ぶ仏像の目にビー玉（水晶かな）的なものが入っているのを発見。鎌倉以降か、と感動に震えました。

なにしろ、仏像を見れば、素材、作り方、表情から、めっちゃ古いとか、鎌倉以降とか、ざっくりわかるようになったのです。仏像の本を読む楽しみも知りました。

さらに、奈良・平安以前のものだと、国宝になる確率高し！なのね、とも気づきました。単に、古い＝お宝ではないのでしょうが、やはり古さ＝希少さで、国宝にして大切にすべしということなのでしょう。

✦絶品ぜんざいでひと休み

結局、この日は朝のガイドツアーから、２万４０００歩。緑と鹿と早咲きの桜を見ながらの道は、疲れを忘れさせてくれるかと思いましたが、さすがに疲れました。よく歩きましたね、と自分をほめつつ、17時前に本日最初の休憩へ。

休憩のお目当ては、「樫舎《かしや》」さん。和菓子好きがこぞって絶賛する、いつか行ってみたいと思っていた奈良町の和菓子屋さんです。

この日はぜんざいをいただきました。小豆《あずき》を炊いて、それを氷砂糖の蜜につけて作るそう。雑味のない澄んだ味わいでした。この小豆に3種の餅が入っています。和菓子に萌える女子がほとんどの店内、とても居心地がよかったです。和菓子好きの友へのお土産に干菓子《ひがし》を購入しました。

夕暮れに染まりはじめた奈良の街を、起点のJR奈良駅に向けて、あとひとふんばり歩きます。背後、すぐ近くに近鉄奈良駅が。あーあ、私鉄とJRの駅が容赦なく離れているのが関西だよなー、なんでやねん、と思いながら。

◆甘い小豆の炊き方

小豆は炊いてさえおけば、白玉やお餅とぜんざいにしたり、ヨーグルトやトーストにのせたり、いろいろ楽しめます。冷蔵で4日、冷凍で1か月保存可能です。

［材料］

小豆……200g（11月頃から新豆が出てきます。新豆の方がやわらかいです）
水……小豆が完全にかぶる量（小豆より5センチくらい上まで入れます）
上白糖……120g
黒砂糖（粉末）……30g（上白糖と合わせるとコクが出ます）
塩……ひとつまみ（1gほど）

［作り方］

1　小豆は優しく洗い、一晩水につけておく。その水は捨てて新たに水を入れ、中火にかける。沸いたら、底からざっくり混ぜて弱火にし、40〜50分煮る。水が減ったら足しながら常にたっぷりの湯でゆでる。鍋の中のそれぞれ違う場所にある数個をつまんで、すべてが指で簡単につぶれるやわらかさになるまでゆでる。

2　ゆで汁をひたひたまで取り分ける（取り分けたゆで汁は、そのまま飲んでも、お粥などを炊いてもよしです。台湾ではゆで汁を小豆茶と呼び、むくみをとってくれると言われ女性に人気です）。

3　小豆の鍋に、上白糖、黒砂糖、塩を加えて中火にかけ、砂糖がおおむね溶けたら、火を止めてそのままさます。冷蔵庫でさらに冷やす。

やっぱすっきゃねん、買い物パラダイス――大阪

1年間だけ、ニューヨークに住んでいたことがあります。と言うと、なーんだ、英語もできるんじゃんと思われそうですが、まったくそんなことはなくて、かなり寡黙《かもく》な日々を送っていました。

そんな私でも、わ、楽しい、真似しよう！と思ったのが、「よきことは口に出す」です。おいしい、すてき、かわいい、うれしい、ありがとう、とにかくニューヨークにはポジティブワードを口に出す人が多かった。

ある日、信号を待っていたら、すてきなマダムに「あなた、その靴かわいいわね、どこで買ったの？」と聞かれました。「え？　これ？　ありがとう。バンコクです。テヘッ」「ナイスよ！　あなたのチョイスがステキなのね」。

またある日は、ブルーミングデールズというデパートで「今日のコーディネート

ステキ！」とキャッシャーから声をかけられ、「いえーい！　ありがと～！」と歩きながら。

試着室でも、ふたつのワンピースを着てみていたら、同じく試着をしていたお客さんが「絶対ネイビーの方よ、ベリーベリー似合ってる、ワンダフル！」と。当然、気持ちよくネイビーにしました。

そう、枚挙にいとまがないほど、知らない人に声をかけられ、ささやかなことをほめられました。今思い出しながら書いていてもアガるわー。これは、日本（東京）ではなかった経験でした。いいじゃんいいじゃん、ニューヨーク！と思いながら、「あ、こんな街、日本にもあるわ」と思い至りました。

大阪です。

大阪とニューヨークは似ている。私はニューヨークでずっとそう思いながら過ごしていました。

✦「なんぼなんでも早いやろ〜」と彼女は言った

初めてひとりで大阪へ行ったときのことです。11月になったばかり、私は新しく買ったコートがうれしくて、さっそうと（！）その厚いウールのヘリンボーンのコートを着て、梅田駅の上りのエスカレーターに立っていました。すると隣の下りのエスカレーターで上からおばさまふたりがおりてきました。

「なんぼなんでも早いやろ〜、ええもんやけどな、笑」「似おてるけどな」と。

え？ええ？　もしかしなくても私？　私のこの真冬のコートのことだよね？

そのすれ違いざまの一瞬のツッコミに、私は爆笑しました。まったくその通り、まだ薄手のトレンチコートでもイケるで、早すぎやろ、と脳内で自分にひとりツッコミ。なんか初の大阪ひとりで不安だったのが、一気に楽しくなりました。

ポジティブワードではないけれど、悪意は1ミリもなくて、なにしろ、おもろいやんかー。

✦特産品は〝オチ〟。クスッとするのがとても大事

友だちに、東京に引っ越してきて1か月で胃潰瘍になった大阪女子がいました。「家から駅まで、なんなら職場まで、誰とも一言も口きかへんやろ？　じーっと、みんな怖い顔して。あかんわ〜」と。地元大阪なら、あっついなーとか、誰とはなく話す、というか口に出す。「それがええねん、なんか安心すんねん」と。

うちの相方は親の転勤で関西から東京に引っ越してきたとき、「お前、気安いんだよ」と東京のシティ小学生に軽くクレームされたそうです。

わがふるさと九州・長崎も、思い浮かんだら、すぐ口に出しちゃう人が多い。困っている観光客がいたら、どれどれ、と率先してお世話を焼く人も多い。大阪とどこか通じるものがあるのです。

しかも大阪の特産品は〝オチ〟かと。いつもオチと呼ばれる、軽やかな結末が求められている気がします。それは飄々《ひょうひょう》とした感じにもつながっているのではないでしょうか。「ま、人生そんな深刻に考えてもしゃーないで」と肩をたたかれる、大

阪に立つと、そんな気がしてほっとします（個人の感想です）。

しかし大都会ですから、いわゆる観光名所はそんなにありません。なので私は大阪で、観光ってほぼしたことがない。じゃ、ひとりで何をしているか？　食べて、走って、そしてお買い物をしています。

◆世界一好きなデパート、阪急うめだ本店

なぜ大阪で買い物なのか？　とにかく買い物がしやすいからです。この数年、通販以外で買った洋服の７割は大阪で買いました。

大阪では、どれどれ今みんなどんな服を着ているのかな？　靴は？と、流行りものをパトロールするのも楽しい。それは、同じデパートでも東京とは違う、ザ・大阪ラインナップがあるからだと気づきました。

東京では、私が「ベシコク（ベージュ、白、紺、黒）」と呼んでいる、シックで落ち着いた定番的なものがメイン。服に限らず、食器も鍋も、お菓子もパンもそうかもしれません。

大阪はもっと華やかで遊び心があるものが多いと感じます。世界的なブランド、たとえばプラダやセリーヌでも、商品構成が違うと聞きました。

日本のブランドでも、推し！は東西で違う気がします。大阪は華やか、でもただ派手っていうよりモード感が強め、オリジナルっぷりが強め、それが自分の好みに合っているのかもしれません。それに東京は、お店によっては、こちらが値踏みされているようで、気後れして入りにくいこともあります。大阪では一度もそんな思いをしたことがありません。

あるとき、大好きな阪急うめだ本店をひとりでプラプラしていました。エスカレーターに乗ろうとしてふと目に入ったのが、紺にフューシャピンクのすてきなカーディガン。

吸い寄せられたものの、うぬ、よく見たらそこはセリーヌ。買えるはずもない、と立ち去ろうとしたら、「かわいいでしょー、よかったら着てみてください〜」と、こともあろうに試着のすすめが！

「いやいやいや……絶対買えないんで〜」と素直に反応する私。

「いや、まあでも、今お店すいてるし、一度着てみて、なんか感じてくれたらそれささって、なんというフレンドリーさ。仮に何かの作戦だったとしても、神レベルの気さくさではないですか。そうよね、着てみたら、あらぬことを感じてカーディガン積み立てをはじめるかもしれないし。

この日は、申し訳なさすぎて試着は遠慮したのですが、いつもはスルーする店内に入り、今シーズンのセリーヌの魅力を楽しく教えていただきました。眼福眼福。

もちろん、阪急うめだ本店のさらなるファンになったことは言うまでもありません。

ということで、ひとりで大阪に行ったら、阪急によく行きます。東京と同じものでも、あえてココで買うことも。

試着していたら、隣の知らない試着室の方（お客さん）が、「よう似おうてはるわー、それどこにあったん?」とか話しかけてきて、盛り上がったことも。化粧品売り場も怖くないからおすすめです。

✦旅は、朝が宝物。特に大阪は朝がいい

年齢を重ねて、旅は〝朝が宝物〟だと思うようになりました。朝、街が動き出す前の時間って、そこで暮らしている人だけのもの。

特に大阪は晴れた日の朝がいい。「あさが来た」というタイトルの、大阪が舞台のＮＨＫの朝の連ドラもありました。あのドラマの舞台でもあった大阪の中心部、日本銀行や証券取引所、そして中洲《なかす》に中之島《なかのしま》図書館があるあたりの川沿いは、晴れた日の朝、走るのにぴったりです。

大阪は川の街。琵琶湖から流れる唯一の川が淀川《よどがわ》だとか。たくさんの支流がありますが、中之島を挟んでふたつに分かれているのが北側の「堂島川《どうじまがわ》」、南側の「土佐堀川《とさぼりがわ》」です。その土佐堀川にかかる「淀屋橋《よどやばし》」の名は、江戸時代に豪商であった「淀屋」さんに由来します。淀屋さんが自費でこの橋をかけたから「淀屋橋」って、すごい。

私のおすすめのランニングコースは、その淀屋橋からはじまります。中之島の中

洲に下りて、大阪市中央公会堂を見ながら遊歩道をずーっと走り↓難波橋《なにわばし》をぐって中之島公園バラ園を通り↓中之島公園から天神橋（ぐるっとまわる陸橋のようなところ）で↓中洲を出て、川沿いを北浜駅方面へ戻り↓難波橋のライオン像を右手に見て、大阪証券取引所と五代友厚《ごだいともあつ》の像を左手に見て、淀屋橋まで戻る。

このコース、周辺の建築もすばらしいし、橋の意匠もそれぞれ違って毎回発見があります。もちろん散歩でも楽しめます。

途中、少し寄り道をして公会堂近くの「水晶橋《すいしょうばし》」と呼ばれる美しい橋を見るのもおすすめ。この橋のたもとにある「大阪府立中之島図書館」も大好きな建物。ランの後、あらためてお昼頃に行って、しばしぼーっとするのもおすすめです。

２０２２年春に誕生した「大阪中之島美術館」は、朝のランニングで特設展をチェックし、魅かれたら後でゆっくり行ってみます。日本の洋画家でいちばん好きな佐伯祐三《さえきゆうぞう》氏（大阪市北区生まれ）の作品が60点ほどあると聞き、全部見たい！と私はこっそりはりきっています。大阪に新しい旅の目的地ができました。

淀屋橋の北、中之島にある「日本銀行大阪支店」は、「日本銀行本店」や「東京駅丸の内駅舎」などを手がけた辰野金吾《たつのきんご》氏の設計です。

このあたりはオフィス街。朝の街には、新しい一日がはじまるポジティブオーラがあふれています。

✦御堂筋《みどうすじ》を北から南へ

大阪の真ん中を走る御堂筋ランもおすすめです。

両側に並木があって、歩道も広く走りやすいのも魅力。随所にベンチや彫刻のオブジェがあり、それを見るのも楽しい。6車線あるのに一方通行なのがまたいいなと思います。

「梅田からナンバまで」という名曲のタイトル通り、なぜか北の梅田から南の難波へ向かうのが常です。途中で御堂筋をそれて進行方向左手の船場《せんば》のアーケード商店街（着物の小物類が品質よくてお安い）を通ったり、気の向くままに一本道をそれては戻りつつ走る。気づけばひとり大阪ツアーです。

身体が重いな、疲れたな、と思ったら、ラン姿のまま入れそうな喫茶店やカフェへ。大阪は汗だくで入っても許されるお店が多い気がします。

✦何を食べてもはずれなし

大阪っておいしい店しか生き残っていないんだな、と思います。

東京は夜景がきれい、店の内装が超すてき、料理が映える、はたまた人気モデルがやっている、話題のビルに入っている、などの要素で満席になる店もありますが、大阪ではそうはいかない（と思う）。うまい、そして価格も適正、それがいちばん大事♪

となれば、やや乱暴な言い方ですが、地元資本の、できたら個人の店で、10年以上続いている店なら、どこに入ってもはずれなし。凶の入っていないおみくじみたいに。

なんでもない定食屋さん、うどん屋さん、おでん屋さん、軽食を出す喫茶店など、好きな時間から食べられて、ひとりでも入りやすい店もたくさんあります。

それが集結した、「新梅田食道街（あえて「道」です）」もあります。梅田、つまり大阪駅からすぐ、うめだ阪急の横にある、昭和な雰囲気の食堂街です。立ち飲みの串揚げ屋さん、おでん屋さん、焼き鳥、お好み焼き、たこ焼き、謎のパフェの店などがずらり。

どの店にも、おひとりさまがいて、ひとり飲みが苦手な私でも、するっと入りやすく、なんと、はしごもできたりします。夕方早めに行くのがおすすめ。

「割烹《かっぽう》」という、カウンタースタイルの和食も大阪が得意とするところで、おひとりさまに好都合。ひとりだとなかなか行けない、かなり本格的な和食がカウンターでいただけます。

✦デパ地下もパラダイス～うめだ三姉妹へGO！

もしもひとりで店に入るのが心細かったら、デパ地下へ行きましょう。もう、めちゃくちゃ充実しています。

デパ地下って、ひとり女子が絶対に浮かない場所ですよね。買い物している人は多くが女性でひとり。特に阪神梅田本店、阪急うめだ本店、大丸梅田店の「うめだ三姉妹（と私は呼んでいる）」は、大阪駅からすぐで、ほぼ隣接しているので、ぐるっとまわりやすく、それだけで半日楽しめます。あぁ行きたい。

さすが大阪、デパ地下なのに高すぎず高品質なので、旬のフルーツとか、東京にあるものも買いたくなります。阪急うめだ本店には、しゃれた中に、唐突に100円パンコーナーがあったりして、なごむわ〜。ワインも地酒ももちろん揃っています。

ある夏の日。出張を延泊して、ひとりでした。遅めのお昼をしっかり食べて、さて晩ごはん。そこまでおなかはすいていないし、ワインバーとか？ いや、お疲れ気味で、勇気が足りん。

そこで阪神梅田本店の地下へ。阪神の地下は鮮魚売り場が充実しているのでよく見に行くのです。この日は、湯引きしたピカピカの鱧《はも》と目が合いました。しかも酢みそ付きだわ、と、じーっと見ていたら、「そのまま、なんもせんと皿にのせて出したらええねん」と隣でお買い物していたおばさまに背中を押され、購入。

その足で向かいの大丸梅田店へ行き、和田八《わだはち》さんの天ぷら（練り物で、関東でいうさつま揚げのようなもの）の中から、枝豆、鱧紅しょうが、タコしそを買い、次に隣の阪急うめだ本店のお酒売り場へ。

鱧におすすめは？と聞いて、大阪の北庄司《きたしょうじ》酒造店さんの「夏衣」という300㎖のお酒を買ってホテルへ。あ、ついでに阪急ではハッピーターンのデパートバージョン「ハッピーターンズ」の塩バターも買って、食べられなかったらお土産にしようと。

かくしてひとり、誰にも気兼ねなくホテルの部屋でおつかれさま宴会へ。途中でお風呂に入ってもいいし、ひとりって、ああ自由。早く寝て、翌朝は走る元気をチャージできました。

最後に、大阪ひとり旅におすすめしたいお店をご紹介します。

◆ひとり旅でおすすめの店

・wanna manna（ワナマナ）

台湾カフェで、朝、豆乳（豆漿）を飲みに行きます。朝ごはんセットもあり。ランの途中でも（多分、大丈夫）。

・千《ち》とせ 本店

肉吸いで知られる名店。肉吸いは、しいて言えば、肉うどんのうどん抜きみたいなもの。ごはんや、卵かけごはんと一緒に食べても◎。私は肉吸いだけ派です。4、5人しか並んでいなかったらラッキー。おひとりさま率も高め。千日前、道具屋街にも近いです。

・太庵《たいあん》

私が唯一、ミシュラン3つ星でも、おひとりさまできると思う店。カウンターがメインの割烹料理屋さん。距離感がとってもいいご夫妻が迎えてくださいます。コースなので、座るだけでOK。お値段もミシュラン3つ星の中ではリーズナブルではないかと。お味は、潔くてぶれない、だしが最高にうまい。1か月くらい前には予約がベター。

・靭本町《うつぼほんまち》がく

何を食べてもおいしいアラカルトの和食割烹。ワインも自然派が充実しています。カウンターならおひとりさまでも。予約してぜひ。

・法善寺横丁 wasabi（ワサビ）
女性シェフによるカウンターのみのモダン串揚げ。食材の組み合わせがとってもおもしろい。女性ひとりでも入りやすい。上に「AWA」というシャンパンバーもあって、こちらもおひとりさまに優しい。ともに自然派ワイン中心。

・ヒロカワテーラー
人気の立ち飲み屋さん。アテがユニーク。女子ひとりでも入れますが、さくっと寄り、長居しないほうがすてきかも。

・ゼー六 本町店
昭和の香り漂う喫茶店。ここでのコーヒーにはぜひアイス最中を。アイス最中だけテイクアウトもよくやります。

歩くたびに、新しい魅力を見つける——京都その1

人はなぜ、京都に行きたがるのか? いや、女はなぜ?と言った方がいいのかもしれません。

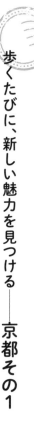

林真理子さんの直木賞受賞作「京都まで」の主人公は30代。おしゃれして、華やかな職場で働く今どき女子(80年代当時)。そんな彼女に、年下の恋人ができる、しかも京都に。京都にっていうのが大事なポイントで、非日常感がましましになるわけです。もしも京都でなかったら、まあまあ普通の男とのよくある恋なのに、京都っていうだけで、月並みな彼がベリースペシャルに思えてしまう。ああ、京都って……と。

読んだとき、私は大学生。うんうん、京都の彼と遠距離って、なんかいい。京都って謎のスペシャル感がある、駅に降り立った瞬間に足元からすわっと魔物が這い上がってくる感じ、ドキドキするよね、と。

女はいつでもスペシャル感が好き。非日常に迷い込みたい、だから京都が好きなのかもしれません。

そんなわけですから、50歳を越えたなら、京都を旅したこと、何回かはあるでしょう。私もあります。

でも、〝ひとり〟となると、どうでしょう？　〝京にひとり〟って、急に演歌っぽい雰囲気に。カップルや家族の楽しげな会話を聞きながら、わびしく鴨川をとぼとぼ、とか。

いやいや、そんなことはまったくなくて、最近の私は、もっぱらひとりです。これがとってもよいのです。

全タイプの観光客を受け入れる京都は、ひとり旅の受け入れ態勢もばっちり。控えめに言って、いち推し。私のひとり旅リピート率1位でもあります。

ひとりで気ままに歩く楽しみを知ったら、京都は謎の魔性の街ではなくなりました。行くたびに新しい発見をくれる、飽きない、尽きない魅力の街です。ここにしかない何かがある、いつまでも歩いていられます。

✦骨董屋さんへ古伊万里を見に行く

その日は、うだるような暑さでした。3度目の京都ひとり旅は8月初旬、真夏。白昼のホラーなのか、熱い空気越しの人影が朦朧《もうろう》と幽霊のように見え、遠くの山は蜃気楼《しんきろう》のよう。そんな午後2時。

あった、と思った目的の和皿の骨董屋さんは、なんと工事中。張り紙によれば数軒先の別棟で営業中とあります。「主に古伊万里《こいまり》を扱い、その分野では知らない人がいない」と雑誌で見て、いつか行きたいとマークしていたお店でした。もちろん、きっと買わない。いや、買えないはず。見るだけでもと眼福を求めて、やってきたのです。

迷いました。汗だくだし。でも、ここまで来たのだから勇気を出して、別棟の外観を見るだけでも、と行ってみました。

まあ、なんとすてきなモダン町屋。かつての町屋の風情を活かしてとても上手にリノベーションされています。うーむ、これは無理、入りにくいな……と逡巡《しゅんじゅん》しつつ眺めていると、中から風格ある上品な男性が現れました。

「どうぞ、どうぞ。もしうちへお運びでしたら、こちらでやっておりますんで、どうぞ。暑いですし、中へ」とにこやかにおっしゃるじゃないですか。

えびす様のようなほんわかした雰囲気と優しい言葉に導かれ、暑さに背中を押されて中へ。入ってみると、すてきな奥様が迎えてくださいました。そしてぬあんと、お客さんは私ひとりやんかー、涙。

◆そもそも古伊万里って？

超緊張しながらも、それはそれ、器好きです。しかも有田や波佐見《はさみ》に近い、長崎の旅館の娘。子どもの頃は有田から器を売りに来る方がいて、部屋に器がいっぱい並べられると、横に座り込んで、子どものくせに、これがいいあれがいいと自分なりに選んでいました。

そんなわけで、せっかく入らせていただいたのだからと、すばらしき古伊万里に見入りました。

古伊万里というのは、古い伊万里焼のこと。主に江戸時代に当時の肥前《ひぜん》地域（今の佐賀県と長崎県にわたるエリア）で作られた磁器全般のことだそう。このあたりの有田焼、波佐見焼、三川内《みかわち》焼などが、伊万里の港から出荷されていたから、総じて伊万里焼と呼ばれるようになったとか。

その古伊万里が、今、目利きで知られる京都の店で、目の前にずらっと並んでいる。緊張しないはずもなく、でも見たい、触りたい。なにしろ有田・波佐見は磁肌の美しさが身上《しんじょう》なので、触りたくなるのです。気づけば、しばし全集中していました。

✦店のさらに奥へ～教えてもらった意外な京土産

はっ！と我に返り、そろそろ失礼しようと、「あ、すてきなものを見せていただき、ありがとうございました」とぺこりと頭を下げましたら、奥様が「ちょっとお茶でもいかがですか？　お急ぎやなかったら、暑いし、ささ、どうぞ」と。

「えええーっ、いや、私、絶対に買えないし、Tシャツだしっ」と心の声が聞こえているにもかかわらず、「わわ、すみません、いや、いいのでしょうか、ありがとうございます」とか言いながら、気づいたら座っていました。

ミッドセンチュリーのラウンドテーブルにアアルトの椅子。そこへ奥様が運んできてくださったのは、自家製の梅シロップで作られたというシュワシュワおいしい一服でした。ああ、なんだろう、この……僥倖《ぎょうこう》？

すると「旅行ですか？」と聞かれ、ひとり旅だと伝えると、いくつかのお好きだという店を教えてくださいました。中でも印象的だったのは、竹の箸のお話。

1年ほど前に、家族3人の箸をすべて竹の箸に変えたそうなのです。誰がどの箸と決めるのをやめて、3人とも、国産の竹を使った先端の細い同じ箸を使うように。毎食その箸を使い、傷んできたものから新しい、また同じ竹の箸に交換する。

すると、なんと、好き嫌いがあったお子さんが、なんでも食べるようになった！

「私自身も、箸でここまで違うのか？　と思うくらい、なんでもおいしくなりましてね。妻に聞いても料理はそれまでと同じ、と言いますから、不思議なもんです。なにしろ米粒がおいしくなって。器を扱いながらお恥ずかしいことですが、箸の大切さをあらためて知りました」とご主人。奥様も静かに微笑みながら頷いていらっしゃる。

ただし、最近は中国でもベトナムでも似たものを作っているようなので、国産の竹で作っているのを見つけないといけません、と。それで、「失礼ながらどちらでお求めに？」とお聞きしてみました。私らはずっとここです、と教えていただいたのは、三条通り沿いにある「竹松」さんというお店。

もちろんというのもなんですが、古伊万里は買わず（買えず）、梅シロップは飲み干し、互いの名前さえも交換しないまま、眼福と幸せな時間を抱えてお店を後にしました。

✦恐るべし、箸の力

さっそくその足で竹松さんへ。「おしゃれでもなんでもない、竹屋さんですよ」との言葉通り、行ってみると、え、ここ？と思うような、素朴なお店でした（ごめんなさい）。

教えていただいたお箸を、その日は試しにと、相方の分と2組求めました。先端が噛んだら折れそうに細く、軽く、とても美しい竹の箸、1組1500円ほど。

竹の箸といえば、これまでも、盛箸《もりばし》（盛り付け用の箸）をいつも京都で購入していました。盛箸は、一般的な菜箸の長さで、先端がすごく細くなっています。そのおかげで、千切りにした青じそでも、糸のようなケン（刺身などに添える大根などの細い千切り）でも、自在に盛り付けられるのです。米粒もつかめます。竹松さんにもあり、合わせて購入しました。

私は、以前から割り箸で食べるのが嫌いです。なんとなくごはんがまずくなると常々感じていました。箸の力は間違いなく大きい。だから、これは確かにおいしくなりそう、と胸が高鳴る京土産になりました。

帰宅後、この話を相方にしながら、新しい竹の箸でごはんを食べて、びっくり。新しいその箸は口に運ぶのがすこぶる気持ちよく、おみおつけも、ぬか漬けも、ハンバーグまでも、なんだかおいしい。なにより白米が粒立って、ピカピカに感じられ、大切にいただきたい気持ちになります。

以来、これまでの塗りの箸とはお別れして、わが家でも竹松さんの竹の箸だけに。4組、つまり同じものが8本あって、それが私たちの箸。さらにはお客様用もすべてこれに変えました。

いつか、あのときのお礼を伝えに伺いたい、そしてもしも、これは、と思う一枚に出会ったら、がんばって古伊万里もうちに迎えたいなと思っています。

✦京都に行ったら寄る店

竹松さんにはその後も、竹の箸を求めに行くようになりました。そのほかにも、京都には、家で長年いただいているものを求めて、必ず寄るお店がいくつかあります。京都でなければ買えないものばかりではありませんが、京都の本店へ行くと、バリエーションが豊富で、なにより楽しいのです。お茶、白みそ、みりん漬け、そして、上生菓子も。

足のはやい上生菓子は、その日か翌日までの寿命。滞在中に、朝、ホテルで頂くこともありますし、帰ってからお茶と一服するためのお土産にすることもあります。上生菓子は、店ごとの解釈で、その季節がぎゅっと閉じ込められた美しき小宇宙。私はこの後にご紹介する4つのお店のうちのどこかに立ち寄って、楽しんでいます。

・蓬莱堂茶舗《ほうらいどうさほ》

かれこれ20年来、「蓬莱茶《ほうらいちゃ》」を求めています。蓬莱茶とは、いわば玄米茶。ベースになっている煎茶が抜群においしく、フレッシュなあられの香りがアクセントになっていて、今までの玄米茶ってなんだったんだろうと思わせられる逸品です。寺町京極商店街のアーケードの中にあります。私はお茶に加えて、こちらのご主人が季節ごとに教えてくれる京都よもやま話も楽しみにしています。

・柳桜園茶舗《りゅうおうえんちゃほ》

代官山の料理教室でも、自宅でも、欠かしたことがない「香悦《こうえつ》」というほうじ茶を購入します。電話でお願いして送ってもらうこともできますが、せっかくなので立ち寄ると、お茶を一服淹れてくださいます。畳敷きの帳場が気持ちいい。土曜日なら週末限定のかりがねほうじ茶があり、これはここでしか購入できません。店舗のある界隈は老舗と新店が混在していて、歩くのが楽しいエリアです。ちなみに、一保堂さんの本店もすぐ近く。そちらでは京番茶を。

・四寅《よんとら》
錦市場《にしきいちば》の中にある京野菜を扱う八百屋さん。東京の三ツ星のレストランにも京野菜や果物を納めていらっしゃいます。ここで扱っている山利《やまり》の白みそを購入しに行きます。冷凍したらそのままシャーベットとして食べたくなるほどの魅惑の味わいで、25年以上浮気していません。傷みやすいので滞在最終日に。その日にめぼしき京野菜があれば合わせて購入します。ちなみに山利の白みそは、同じく錦市場の「麩嘉《ふうか》」さんでも扱っています。

・ぎぼし
京都の友人に教えてもらった四条河原町からも錦市場からも近い、吹き寄せの名店。ですが、私が購入するのは、食べ出したら止まらない揚げ昆布や甘くない昆布の佃煮など。

・田中長奈良漬店《たなかちょうならづけてん》

江戸後期創業の奈良漬屋さんですが、みりんがたっぷりと効いた香り高いその名も「味醂《みりん》漬」で、一般的な奈良漬けよりまろやかで優しい味。かれこれ20年以上、いつも冷蔵庫に。みりんが効いた粕も一緒にたっぷり入っていますから、魚の切り身や豚の薄切りを漬けて焼いたりして活用します。東京のデパートにもありますが、本店は種類豊富で限定のものも。ちなみに私は、すいかが1番、桂うりが2番目に好き。

◆上生菓子の4店

・嘯月《しょうげつ》

住宅街にぽつんとあります。前日までに予約しなければ購入できません。できたてを渡すためだそう。このスタイルはずっと変わらず。

・塩芳軒《しおよしけん》

西陣の老舗。店構えもすてきです。「聚楽《じゅらく》」という焼き菓子も素朴な味わいで、こちらはお土産にも。かの有名な羊羹「夜の梅」もこちらのものが好き。

・聚洸《じゅこう》

和菓子通の友人に教えてもらった塩芳軒のご子息のお店。上生菓子のみ。甘さの加減がとても好きです。ほど近い大徳寺の聚光院は千利休の菩提寺で、三千家の墓所もあり、歴代の家元襲名式も行われます。当日でもいいので電話で予約を。

・末富《すえとみ》

朝早くからやっておられます（時間は確認を）。東京でも高島屋さんにありますし、京都のデパートにもありますが、せっかくなら上生菓子は本店で。なにより包装紙に萌えます。鮮やかな水色がたまりません。

宿泊におすすめのエリアと歩き方――京都その2

私は、ひとりで京都に行くようになって、とにかく歩いてまわるようになり、もっともっと京都が好きになりました。

そこでおすすめしたいのが、じっくり30分、行きの新幹線の中でもいいので、京都主要エリアの地図を、本気で見ておくことです。全体像をぼんやり把握するだけでもかなり歩きやすくなります。

ついでにネットで、「京都地図　旧平安京」というキーワードで検索してみると、おもしろいことがわかります。今、私たち観光客が歩く主要部分は、ほぼかつての平安京。碁盤の目はほぼそのまま。基本徒歩だった時代の都の中心部だからか、縦に端から端まで歩いても、だいたい5キロくらい。京都が、歩いてまわるのに心地よいサイズ感なのがわかります。

✦なぜ歩くのが楽しいのか？

ほとんどのエリアは、大通りから1本入れば、一般の住宅やマンション、老舗、サードウエーブ的な新しい店、地元の人向けの店、観光客向けの店、ホテル、スーパー、コンビニ、さらには寺、神社が混在しています。いい具合に川も流れていま す。

人気の観光地ではあっても、地方都市でもあるから、通りごとに、大資本ではない個人商店が点在していて、どこを歩いても毎回発見があります。なんのご商売でしょう？と思いながらただ歩いているだけで、1万歩もあっという間の楽しさです。

デパートをはじめとする大資本やチェーン店が多い繁華街は、四条河原町《しじょうかわらまち》あたり。ここは人通りも多い京都の中心部だと思います。ただ、私たちよそ者にとっては、全国にあるお店が多いこともあり、歩いてもあまりおもしろくないのかな、と最近感じるようになりました。タクシーで移動したり、きちんとしたレストランに行ったりする友人との旅ではこのあたりに宿泊することもありますが、ひとりのときは、違うエリアに泊まるようになりました。中心部の繁華街なので、新しくてリーズナブルなホテルが少ないのもその理由です。

✦宿泊は烏丸御池か烏丸丸太町あたりに

私が最近のひとり旅でよく泊まるのは、地下鉄でいうと烏丸御池《からすまおいけ》駅、丸太町《まるたまち》駅あたり。

「ひとり旅はできるだけ公共の交通機関で！」とこの本でも何度かお伝えしていますが、このふたつの駅あたりが地下鉄はもちろんのこと、バスに乗るにも便利だからです。また中心部から少しだけ離れているからか、新しくてリーズナブルなホテルが多いと思います。

参考までに、次ページの図を見てみてください。ざっくり説明すると、旅人が行くであろう京都の街は次のようになっています。

◆東西を横断する横の大通りは、南の京都駅前の七条通《しちじょうどおり》から、北へ向かって五条《ごじょう》

京都街歩き地図

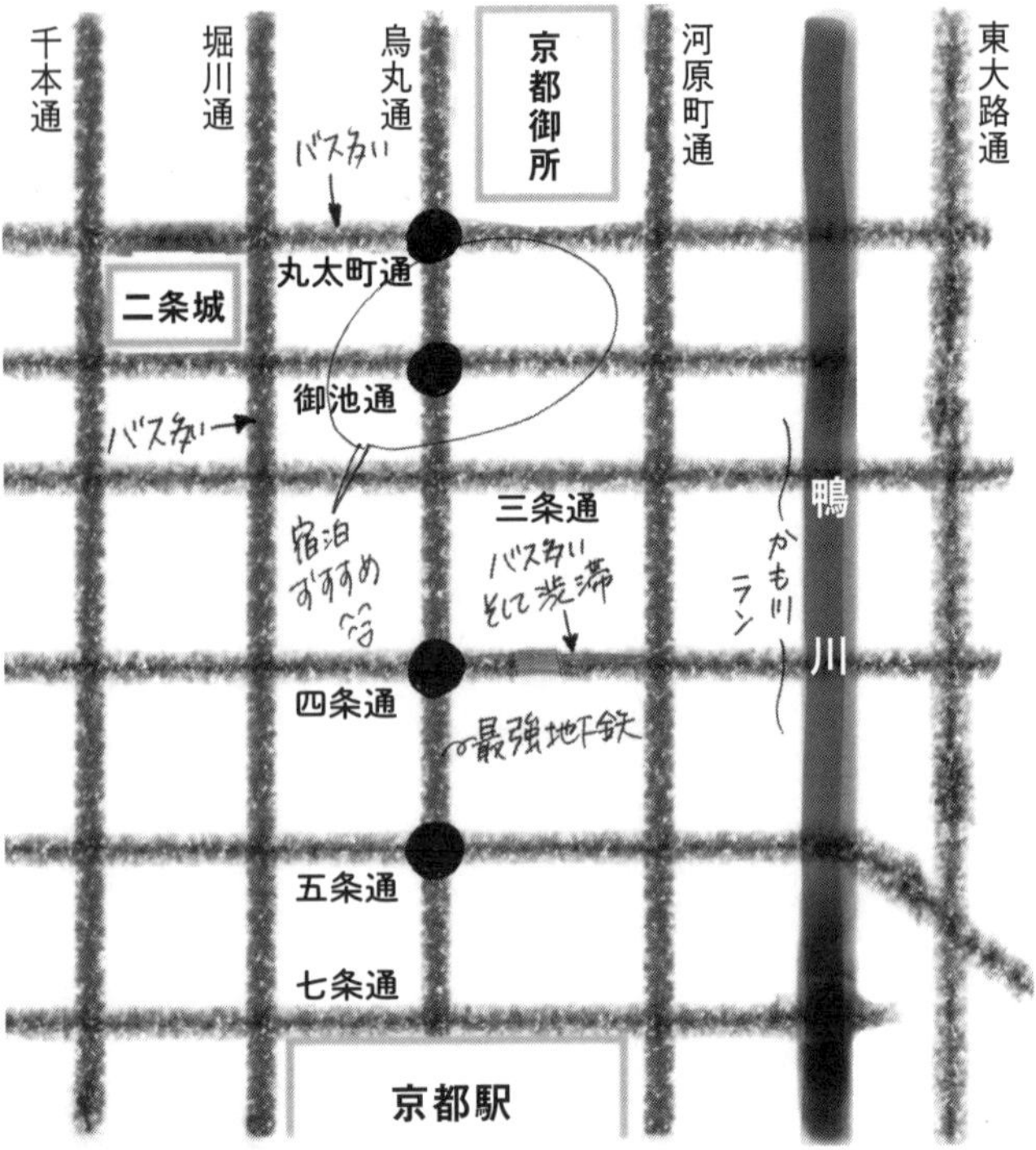

千本通
堀川通
烏丸通
京都御所
河原町通
東大路通
バス多い
丸太町通
二条城
御池通
バス多い
宿泊
おすすめ
三条通
バス多い
そして渋滞
かも川
ラン
鴨
川
四条通
最強地下鉄
五条通
七条通
京都駅

通《どおり》、四条通《しじょうどおり》、三条通《さんじょうどおり》（中心部はアーケードに）、御池通《おいけどおり》、丸太町通《まるたまちどおり》の6本。

◆南北を縦断する縦の大通りは、京都駅を背にして北を向いて立つと、東（右）から、東大路通《ひがしおおじどおり》、河原町通《かわらまちどおり》、烏丸通《からすまどおり》、堀川通《ほりかわどおり》の4本。

このうち、横の御池通、縦の烏丸通の下を地下鉄が走っています。京都駅まで1本で行けるのは、縦の烏丸通を走る烏丸線。旅人にとって最強の地下鉄です。

また、バスの種類が多くてよく使うのは、東西横断には四条通、丸太町通。南北縦断には河原町通、堀川通です。

つまり、バスと地下鉄を乗りこなし、暮らすように京都をまわるなら、最強地下鉄とバスが多く通る道の交差点あたりがいいかな、という結論に。実際そのあたりに泊まるようになって、ほぼ徒歩とバス、地下鉄で動けるようになりました。

地下鉄烏丸線は、行きも帰りも京都駅まで1本。最終日、ホテルに荷物を預けて出かけても、戻ってさくっと地下鉄で京都駅へ向かい、新幹線に乗れるからとても便利。渋滞もないから時間も読めます。

さらにこの烏丸線、京都駅を越えてその先、竹田駅まで行けば近鉄線につながっているのです。宇治へも奈良へもするする行けます。

✦奈良も行動範囲に入る便利さ

前回の京都ひとり旅では、烏丸線丸太町駅の6番出口から直結している新しいホテル「ハイアットプレイス京都」に泊まりました。1階にはフリーのコーヒーマシーンや仕事ができるスペース（広め）もあります。1泊1万円くらいでしたが、部屋も広めでとにかくクリーン、とてもいい滞在になりました。シーツが気持ちいい！

3日のうちの中1日は、地下鉄から近鉄を経て、宇治の平等院へ行ってきました。ちなみに10円玉で知られる宇治の平等院鳳凰堂《ほうおうどう》は、10名ほどの小グループで見学するスタイルになっていて、300円の拝観料で完璧なガイドさんが丁寧に案内してくれます。おかげで、天才定朝《じょうちょう》の作品と認められている唯一の仏像を解説付きで間近で見られました。

平等院ミュージアム鳳翔館もぜひ。屋根に飾られている手塚治虫の火の鳥を思わせる鳳凰のほか、鳳凰堂の中の壁にたくさんいらっしゃる雲に乗った菩薩様たちが近くで見られます。

なんと慈愛に満ちたお顔、かわゆし〜と萌えました。解説の中で、「命尽きるとき、最も会いたい人の姿が菩薩となって現れ、その人の前で舞い踊る、その姿ですよ」と教えてもらい、それはありがたいな、死ぬのが怖くなくなるね、となんだか泣けました。

そこからするっとまた近鉄↓地下鉄で京都市内に戻れるのが、楽ちんなり。地図上での想像を超える便利さです。

✦京都でバスを乗りこなす

バスを乗りこなせたら、かりそめでもこの街の人になった気になります。

特に京都は、地下鉄もあるとはいえ、主な公共交通機関はバス。グーグルマップで行き先を検索すると、何番のバスに乗るべきか、教えてくれます。東京のように目的地への行き方が複数あるとややこしいのですが、京都は選択肢がバスのみ、の場合が多いので、シンプルです。それにさすが観光地だけあって、バス停の表示がとても親切。あと何分で来るかまで教えてくれます。

最初にざっくり地図を把握しておけば、目的地から1本東とか、1本南の通りで降りて歩く、なんていうこともできるようになります。方向音痴の私でもできるようになりました。その歩きが、きっとまた新しい発見をくれる、それが京都。

あとは、ひとりで入れるレストランを開拓しなきゃ、ですよね。そうなんです、そこも京都はとても優しい。私が気持ちよく過ごせたごはん処、ホテルなどを書き添えておきます。

◆ひとりごはんにおすすめの店

・NISHITOMIYA（ニシトミヤ）

自然派ワインと名物のコロッケ、野菜たっぷりのアテがいただけます。ひとり女子のお客さんが結構います。お店の方もとても感じがいい。ランチも、テイクアウトできるパンもおすすめ。

・メッシタ　パーネ　エ　ヴィーノ

肉焼きの天才シェフによる自然派ワインと炭火焼き、イタリアンの名店。ワンオペのカウンターで。おひとりさま率高いので安心して。

・くまのワインハウス

京都大学吉田寮からほど近い自然派ワインの食堂。お料理は、ビストロっぽいけど和の要素もあって重すぎず、ほっとします。カウンターはひとりにも快適。心地よいざわざわ感が、かえってひとりに優しいです。

・洋食おがた

予約必須で、ひとりにはお昼がおすすめ。鮮魚店として日本中の注目を集める静岡県焼津市のサスエ前田魚店の魚と、精肉店として日本中のシェフが求める滋賀のサカエヤさんの肉、その両方が食べられます。ハヤシもオムライスもカレーもステーキもフライも最高です。カウンターで。

・cenci（チェンチ）

ミシュランの星付きイタリアンですが、4つだけあるカウンターでひとりでも楽しめます。京都近郊の生産者さんとしっかりつながっている坂本シェフの料理はすばらしく、自然派ワイン、日本ワインともに詳しい神ソムリエ・文屋さんのワインセレクトも最高です。

・Restaurant Koke（レストラン コケ）

気後れしそうなモダンでおしゃれなレストランですが、ランチならカウンターにひとり、ありです。カウンターはシェフが炭火で焼く姿が見える特等席。

・九時五時

その名の通り、朝9時から夕方5時までの女性シェフによるお店でしたが、今は営業時間が日によっても違うようなのでインスタグラムで確認を。予約はできず、店に行って順番待ちします。カウンターのみで、昼から自然派ワインとおいしいアテがいただけます。

・culotte（キュロット）

ひとりの予約しか受けていない、おひとりさまのためのレストラン。基本、お客さん全員がおひとりさまです。

・lien restaurant & bake（リアン レストラン&ベイク）

culotte からすぐのかわいいレストラン。ランチも、テイクアウトのパンやスイーツもおすすめ。

・志《し》る幸《こう》

四条河原町からすぐ。コの字型に囲む座り方なのでひとりでもまったく気になりません。基本はみそ汁とかやくごはんの「利久辨當《べんとう》」。おすすめの汁の具はおとしいも！　少し並ぶかも。

・丹《たん》
老舗料亭「和久傳《わくでん》」さんによるセカンドライン。朝ごはん、昼ごはんに。中央の大きなテーブルで、ひとりでも気兼ねなくカジュアルに京料理がいただけます。

・suba（すば）
ちょっとユニークな立ち食いそば屋さん。関西の澄んだおだしに、江戸前のそばの組み合わせです。勇気をもって入ってしまえば、前払いの立ち食いなのでひとりでも大丈夫。

・石臼蕎麦　わたつね
街の定食屋さんです。もちろんおそばもおいしい。冬の牡蠣ごはんがおすすめ。

・すし善
ものすごくおすすめしたいのが、錦糸卵の下に隠された旬の魚たっぷりのちらし寿司。初めて伺ったとき、想像をはるかに超えるおいしさにびっくり。カウンターなのでひとりでも平気です。午後5時頃に終わるので要注意。

・レバノン料理　汽《き》　清水五条

朝と昼の営業。気持ちのいいお店で、フレンチで修業したシェフのモダンなレバノン風の朝ごはんを。事前に予約を。

◆カフェ、バーほか

・ALKAA（アルカー）

京都駅、しかも、新幹線口からすぐの自然派ワインバー。カウンターで、新幹線に乗る前にぜひ。カヌレも美味。ひとりなら軽くおつまみ夕飯も。

・WIFE & HUSBAND（ワイフアンドハズバンド）

鴨川沿いを北へ。丁寧に淹れられたコーヒーと、シンプルなトーストがなんだかうれしい。お昼に。コーヒーのパッケージに萌えます。

・菊乃井 無碍山房《むげさんぼう》

菊乃井さんの横にある菊乃井さんのカフェ。かき氷かパフェを！ 抹茶系が秀逸です。

・ブルーボトルコーヒー 京都カフェ

メニューは普通のブルーボトルコーヒーですが、建物がとてもおもしろい、京町家風のリノベーション物件。夏はかき氷が！

・SONGBIRD COFFEE（ソングバードコーヒー）

卵サンドが好きです。なんかたまらなくかわいいお店。コーヒーと！

・ともみジェラーto

農家さん直送の旬の京野菜やフルーツを使った、すこやかにおいしいジェラート。

身体が浄化される気がします。きゅうりとしそとか、意外な組み合わせをぜひ。立ち食いそばの「suba」からすぐ。四条河原町からも歩けます。

・虎屋《とらや》菓寮《かりょう》 京都一条店
御所からほど近い虎屋のカフェ。虎屋も京都生まれです。お庭の神社へお参りも。

◆ひとりにおすすめの地下鉄烏丸線から近いホテル

・ハイアットプレイス京都
丸太町駅から直結。とにかくきれい、徹底的な掃除力！　アメニティも必要なものを自分で取るスタイルで、サービスがミニマムなのが気持ちいい。

・オークウッドホテル京都御池
烏丸御池駅からすぐ。場所がとてもいいです。きれいで心地よい落ち着いたデザイン。こちらもサービスの距離感が心地よし。

空と海と沖縄クラフトをのんびり楽しむ——沖縄

初めての沖縄は20代半ば、仕事の出張でした。このときに行った読谷村《よみたんそん》のお土産物屋さんで手に取り、触感惚れして買った小さな皿が「読谷山焼」でした。かれこれ30年近く、気に入ってよく使っています。

その器を手にするたび、いつかもう一度ちゃんと読谷村に行きたいな、と思い続けていました。でも、台湾やタイには行きながら、なかなか沖縄に行く機会はありませんでした。

30代後半になって、やっと相方と読谷村へ。焼物の工房を訪ねてまわり、沖縄のクラフトに出会い、心が躍る、胸が熱くなる、そんな経験をたくさんしました。あまりに楽しかったので、その後は器好きの友人とも訪ねるように。そして、那覇市内にもいい感じのクラフトショップがあると知ったのです。

これはひとりでも楽しいかも？　ときどき無性に恋しくなる南の太陽ももれなくついてくるし、今度は那覇のクラフトショップをひとりでのんびりめぐってみよう、と思ったのです。

調べてみたら、ふるさと長崎から直行便があって、1時間半ほど。長崎から東京以外へ行く飛行機には乗ったことがなかったから、もうそれだけで、ちむどんどん（NHK朝の連ドラのタイトルで、沖縄の言葉で「わくわくする」という意味）します。

よし、帰省につなげて行ってみよう！

✦那覇で沖縄クラフトめぐり

沖縄の言葉で「やちむん」とは、焼き物のこと。那覇市の壺屋《つぼや》やちむん通りは、1600年代に各地に分散していた窯が集められたところ。ここで生まれた壺屋焼《つぼややき》は、厚みがあって角のないぽってりした地に、大胆で奔放な柄や加飾《かしょく》が持ち味です。独特な色づかいや技法に、沖縄ならではの個性を強く感じます。私にとっては特に大皿が魅力的で、ブリのあら炊き、あるいは数種類の精進揚げなどをばーんと盛ってテーブルの真ん中に置いて大勢で囲みたくなります。

最近は、伝統的なやちむん工房で修業後に独立した若手の作家さんの、力強さにモダンなエッセンスが加味された器もよく見かけます。中には、これまでのやちむんのイメージを心地よく裏切ってくれるものも。

伝統と新進、共通するのは、タフさと大胆さ、そして沖縄らしい優しさと懐の深さのようなもの。

沖縄は良質な陶土に恵まれていると聞きます。その陶土の個性が現れているのかもしれません。

那覇市内のクラフトショップやギャラリーでは、いろいろな作家さんの新しいやちむんが見られます。窯元に行くのとはまた違った、それぞれのお店がセレクトしたやちむんに出会う楽しみがあると思います。

那覇を歩いて、おすすめしたくなったお店をご紹介します。

・GARB DOMINGO（ガーブドミンゴ）

那覇を代表するクラフトギャラリーだと思います。このお店に行くためだけに那覇に行ってもいい。ふたり旅や女子旅でも必ず寄ります。何度伺っても、手ぶらでお店を出てきたことがない、アブナイお店です。佐藤尚理《さとうなおみち》さんの、特に無地の器が好きすぎて、ここで出会ったときはうれしくて泣けました。うちの4番バッターです。また、山田義力《やまだよしりき》さん、紺野乃芙子《こんののぶこ》さん、金城宙矛《きんじょうひろむ》さんの器にもここで出会い、わが家の一員になってもらいました。インスタグラムを、あぁ行きたい、と思いながらいつも見ています。

・tituti（ティトゥティ）

最初に伺ったときは安里《あさと》にあったのですが、国際通りからすぐのところに移転されました。やちむんのお店が多いエリアなので、何軒かあわせて見られます。移転前のお店で金城有美子《きんじょうゆみこ》さんの器に出会ったのが、私が新しいやちむんに目覚めるきっかけでした。大胆な色使い、伝統的な技法、そして盛りやすい。これ、とっても大事な気がします。軽いのも魅力で、本当に使いやすい。ブルーのシリーズがよく知られていますが、私の大のお気に入りは深いグリーン、そして淡いレモン色の中鉢、泡盛やビールにいいボーダーのコップ。こちらでは金城さんの作品は常時展示されているようです。器のほかにも、さまざまな沖縄クラフトが見られます。

・ふくら舎

那覇の独立系シアター「桜坂劇場」の中にある沖縄クラフトとアート、書籍を扱うお店。沖縄の結婚式などで奏でられる「かぎやで風節《ふうぶし》」の最初の歌詞「今日の誇《ちゅうぬふく》らしや《らしゃ》（今日のよろこびは）」から、「ふくら舎」と名付けたのだそう。ここでは、とにかくたくさんの作家さんの作品が見られます。壺屋焼が充実していて、吹きガラスや琉球ガラスもあります。一目惚れした大皿は、1日目は決められず、翌日また見に行き、さらに帰る前にもう一度寄って、やっぱり家へ連れて帰りました。納得いくまで何回も見に行けるのは、ひとり旅ならでは。

ちなみに、桜坂劇場もかっこいい（生い立ちも含めて）ので、ぜひ。

・那覇市伝統工芸館、奥原硝子製造所

桜坂劇場から坂を下りたらすぐです。１階にはさまざまな作家さんや工房の作品が並んでいて、那覇のお土産としても買いやすいラインナップになっています。同じ建物の中に、創業から70年以上という琉球ガラス老舗工房「奥原硝子製造所」があって、私が行ったときは運よく作業されているところが見られました。東京のデパートで、ここの琉球ガラスのピッチャーに出会って愛用していたので、すごくうれしかった。手を感じる、なんともよき姿と触り心地にうっとりします。

伝統工芸館のすぐ横の公園には、猫たちがまったり。ピースフルな時間が流れていたのに、近づいて写真を撮りまくってしまった。ごめんよー。

あらためてひとりでクラフトめぐりをしてみたら、半径３キロくらいの中に、クラフト以外でも、沖縄にしかない気になるお店がいくつもありました。アメリカの60年代のヴィンテージの器や、オリジナルのアロハのお店、電気屋さんだけどおばあのジーマーミ豆腐を売っているお店、かっこいい自然派ワインショップなどなど。ひとりの那覇歩き、楽しすぎました。

✦さあ、那覇で何を食べよう？

誰かと一緒なら、その場に居合わせた地元の方々に混ぜていただいて、ワイワイ過ごすのも楽しい那覇。でも、今回はぼっちです。となるとワイワイして夜遅くなるのはちょっとまずい。そこで、お昼をしっかり食べることにし、国際通りから少し入ったところにある食堂「faidama（ファイダマ）」さんに伺いました。

午前中に前を通ったとき、店頭で売っているオーガニックの野菜に目が留まり、なんだかすてきなお店だなと思っていたのです。インスタで探してみたらヒット。15時まで、売り切れ仕舞い、とあったので、13時頃に定食ランチを目指して行きました。

聞けば、野菜はお父様が育てていらっしゃる有機野菜とのこと。おいしい理由がわかりました。使われている調味料も、身体に優しいものばかり。

「ファイダマ」は八重山諸島の言葉で「食いしん坊」という意味だと教えてくださった店主ご夫妻のお顔の、なんと穏やかですてきなこと。すくすく元気な月桃《げっとう》が花瓶にたっぷりさしてあって、ほのかな香りにも癒されました。

夜は、ちょっと足を延ばして、後輩女子に勧められた餃子をと、安里の栄町市場《さかえまちいちば》へ。昼は市場なのですが、夜は飲食店街になるところです。

「べんり屋 玉玲瓏《イウリンロン》」というのがお店の名前。屋台のようなカウンターと、縁日の席にしか見えないカジュアルなテーブル（ほめてます）で、ひとりでさくっと食べられます。

私に教えてくれた後輩女子は、「私が日本一好きな餃子です」と言っていました。皮がむちむちでとってもおいしい。タイミングよくお店の方が神業《かみわざ》で包んでいるところが見られました。早送りかと思ったわ。

まわりは夜が深まるにつれて賑やかになります。ふらりと来て店に置いてある三《さん》線《しん》を弾きはじめる地元のおじさんがいて、気づいたら知らない人同士のはずのみんなが歌っていました。しかも、『いちご白書』をもう一度」！

でも、どんなに楽しくても20時半には席を立ちます。安里から国際通りあたりまでは歩ける距離ですが、明かりが落ちて、町がもう一段暗くなる前にホテルに帰るよー。

✦那覇の朝は、海ランから

翌朝、海まで走りました（何回も言いますが、へっぽこランナーです）。那覇の中心部、国際通りあたりから、いちばん近い海「波の上ビーチ」までは、ちょうど2キロくらい。往復4キロのランニングです。

ビーチは、ここが街からすぐとは思えない美しい砂浜。少しのんびりして、海の水に触れてみます。

そしてすぐ横にある波上宮《なみのうえぐう》へ。石段をのぼって汗だくで手を合わせ、一点張りで今回の那覇ひとり旅の無事をお願いしました。ちなみにこの神社のお守りがかわいい。沖縄の紅型《びんがた》がモチーフのデザインで、私はトートバッグにつけて旅のお供にしています。

で、このランニングコース。散歩にもおすすめです。途中にある福州園《ふくしゅうえん》は、ゆっくり歩いてまわりたい池のある中華風の立派な庭園。沖縄も、台湾やわが故郷長崎と同じく、今の福建省あたりから移住してきた方が多いのだなぁとわかります。

✦夕暮れは、半分リゾートで

ところで、ホテル。どこにするか、いろいろ迷ったのですが、便利さと、入り口が国際通りに面していて夜も明るいのと、新しさを優先して「ホテル コレクティブ」に。ここに、こぢんまりしたプールがありました。さすが沖縄。

このプールなら、スーパーリゾートでひとりだときっと感じてしまう、ぼっちの焦燥や人の視線（あの人、なんでひとり？）を感じないのでは？と思い、寄ってみました。

午後4時、プールには誰もいません。いい！　華やかなリゾートプールじゃないのがひとりに優しい。水着は持っていなかったので、足をつけて、空を仰ぎました。そしてプールサイドで、日よけのおかげで半分青い空を見ながら、アーケードの古本屋さんで見つけた沖縄料理にまつわる本をのんびり読みました。次はひとりで東京から直接来て、だらだら3泊くらいしたいなぁと目論《もくろ》みつつ。

✦沖縄に行くとき、こんな本、どうでしょう？

50代の方なら、1972年の沖縄の本土復帰のニュースを覚えているかもしれません。その後、私たちが20代後半から30代の頃には、米軍基地の整理・縮小について賛否を問う県民投票が行われ、報道番組は連日沖縄特集をしていました。「象の檻」（読谷村の楚辺通信所）が毎日のようにテレビで取り上げられ、初めて読谷村を知りました。

同時に、安室ちゃんに代表される沖縄のアイドルや、すてきな女優さんたちに魅了された世代でもあります。

沖縄というだけで、すべてがいつも特別だった気さえします。だけど知らないことばかり、知るべきことばかり、と今も感じています。

そこで沖縄旅に、私は沖縄について書かれた本の中から気になるものを1冊、持っていきます。この数年で読んだ中から、僭越《せんえつ》ながら、おすすめを紹介させてください。

『裸足で逃げる　沖縄の夜の街の少女たち』（太田出版）と『海をあげる』（筑摩書房）。沖縄で生まれ育って研究者となり、沖縄の少女たちへのインタビューを続けている上間陽子《うえまようこ》さん（琉球大学教授）の著作です。

『裸足で逃げる』の帯には、「沖縄の女性たちが暴力を受け、そこから逃げて、自分の居場所をつくりあげていくまでの記録」と書かれています。同じく帯に書かれている、社会学者・岸政彦《きしまさひこ》さんの文章も引用します。

「それは『かわいそう』でも、『たくましい』でもない。この本に登場する女性たちは、それぞれの人生のなかの、わずかな、どうしようもない選択肢のなかから、必死で最善を選んでいる。それは私たち他人にとっては、不利な道を自分で選んでいるようにしか見えないかもしれない。上間陽子は診断しない。ただ話を聞く。今度は、私たちが上間陽子の話を聞く番だ。この街の、この国の夜は、こんなに暗い」

その岸政彦さんの、『はじめての沖縄』（新曜社）もおすすめです。ガイドブックのようなタイトルですが、違います。観光客を卒業して、沖縄をもっと深く知りたい、もっと愛したいと思いはじめた人に向けた本なのだと、私は感じました。沖縄出身ではないけれど、誰よりも沖縄に惚れ込み、理解したいともがく岸さんの言葉に、沖縄人になりきれないジレンマに、なんだかとても切なくなりました。

そしてもう1冊。このときのひとり旅で読んだ、与那原恵《よなはらけい》さんの『わたぶんぶんわたしの「料理沖縄物語」』（講談社文庫）です。「わたぶんぶん」は、沖縄の言葉で「おなかいっぱい」の意味。

沖縄生まれの両親のもと、東京で育った著者が、両親や親類、友人たちと食べて、おなかいっぱい、胸もいっぱいになった沖縄料理をやさしい言葉で綴るエッセイです。料理を通じてかよい合う思いにほろりと泣けます。

✦市場で南のフルーツを

帰る前に市場に寄りました。どこへ行っても市場だけは、必ず寄ります。今回は、農作物の流通の基地にもなっている「農連市場《のうれんいちば》」へ。

ちょうどキーツマンゴーがありました。皮が赤くて大きなマンゴー。濃い山吹色の果肉がしっかりしていて、甘いだけでなく酸味もあるから好きなのです。

それから、島バナナ。短くて太めのむっちりした食感のバナナで、ほかのバナナにはない酸味がたっているのも特徴。弾力があって筋肉質な果肉で「芭蕉」と呼ばれている種類です。輸入バナナの倍くらいの値段なので、高いと思うかもしれませんが、よくあるバナナとは別のフルーツと思って、見かけたらぜひ食べてみてください。ただ、青い状態で売られていることも多く、その場合は数日おいて、追熟させてからいただきます。

市場のすぐ前の小さなアーケードの入り口にある「上原パーラー」は、那覇に来るたびに寄っている不思議な魅力のお総菜屋さん。帰路の飛行機の楽しみにここでお弁当を。このお店では、お安いお弁当ほどおいしい気がしているのは、私だけでしょうか。

沖縄・那覇は東京からだと3時間ちょっと。なかなかひとりだと飛び立てないけれど、たとえば家族旅行の前に少し先に行ったり、友だちとの旅の後に1泊残ったりして、ひとり旅、いいと思います。青い海と空、優しい人、猫もかわいい。私もまた必ず行きます。

母との旅をたどって、美術館、ギャラリーへ――金沢

初めての金沢は、母との旅でした。2015年、東京から新幹線で金沢に行けるようになったとき、乗ってみたい！　行ってみたい！と、上京していた母とふたりで2泊3日の金沢へ。母は十数年ぶりで2度目の、私は初めての金沢でした。その旅が楽しかったから、私は金沢を好きになりました。

2021年秋、ひとりで、その旅をなぞりながら金沢を歩いてみました。母と行ったときは新幹線が開通したばかりで、とても賑やかだったけど、今回はコロナ禍で静かな金沢。久しぶりのザ・観光旅になりました。

まず、母とも最初に行った「金沢21世紀美術館」へ。そして、ふたりで写真を撮りあった〝プールの底〟へ。母はなぜかここに入るのを嫌がっていたな、と思い出し笑いしました。

それにしても、21世紀美術館はいつもそそる特設展をやっています。たとえば、大好きな江口寿史《えぐちひさし》さんのイラストレーション展（「彼女」というタイトルの企画展でした。私は金沢のタイミングでは行けず、長野で行きました）。また、佐賀県出身でアメリカ在住の画家・池田学《いけだまなぶ》さんのこともここで見て初めて知り、その圧倒的な画才に打ちのめされました。怖いほどの完璧主義っぷりに、物語性に、あぁ、こんな才能が存在するのか、と。

このときは、特別展「フェミニズムズ FEMINISM」開催中。1990年代以降、男女雇用機会均等法や男女共同参画社会基本法など、男女平等を実現するための制度が整っていく中でのフェミニズムを、9人のアーティストが表現する企画展でした。

フェミニズムって、特別な視点ではなくて、多民族とか、LGBTQとか、私たちが多様性を認めようとすれば絶対に避けて通れないテーマだな、とあらためて思いながら、あっという間に2時間。

✦出会いのあるギャラリーへ

ぷらぷらと歩いて、母とも訪れた「factory zoomer（ファクトリー ズーマー）」の広坂《ひろさか》の「gallery」へ。factory zoomerは、金沢で活動するガラス作家・辻和美さんが、デザイン・制作する吹きガラスの食器を中心としたファクトリーブランドです。

辻さんの作品はとても人気があり、東京ではなかなか手にすることができません。でもここでは、辻さんのガラス器を見て、触れて、数か月先に届けてもらう形での注文が可能です。

また、辻さんの器だけでなく、さまざまな作家さんの個展やグループ展も開催されていて、購入もできます。

母と訪ねたときは、辻さんの小さなコップを購入しました。手のひらに包んだとき、収まりがよくぴたっときて、ひと目惚れならぬ、ひと触り惚れでした。今も愛用していて、このコップでは、なぜかいつも冷たい水が飲みたい。

この日は、和歌山で作陶されている中本《なかもと》 純也《じゅんや》さんの器に出会ってしまいました。

これまでも、東京ではなかなか見られなかった、岩田圭介《いわたけいすけ》さん、井山三希子《いやまみきこ》さんの器を、こちらで初めてゆっくり見て、購入できました。〝出会い〟があるお店なのです。

長町《ながまち》武家屋敷跡にも行ったよね、と思いながらも、記憶はあやふや。確かめるように歩いて、この界隈で唯一、一般公開されている「武家屋敷跡 野村家」へ。中に入ると、ああ、この庭の横の部屋で母が笑っている写真があるわ、と思い出しました。

そろそろ休憩したいなと思いながら、近江町《おうみちょう》市場《いちば》へ行くと、「昔の長崎の築町市《つきまちいち》場《ば》を思い出すね」とふたりで話したことを、はっきり思い出しました。

長崎の築町市場は、長崎大水害で2階まで浸水し、多くの店が再興できず、かつての賑やかさはなくなっています。「あの水害がなければ、今頃は近江町市場のような観光地になっていたかもね」と言った母の声がすぐ横で聞こえたような気がしました。一緒にいたいと思えば、案外どこでも一緒にいられるのかもしれません。

✦何を食べよう？　お店探しは恒例の逆引きで

金沢といえば、お寿司、おでん、最近はモダンスパニッシュやイタリアンの話題のお店も。

母と行って感激した「乙女寿司《おとめずし》」さんは、今では予約がなかなかとれない人気店になっていました。やはりそのときに行った「鮨　みつ川」さんは、金沢をはじめ、東京や北海道・ニセコのホテルにも支店を持つように。

どちらも、ひとりで行くにはハードルが高くて断念しました（予約も難関だし）。いつか、ひとりで、すし屋のカウンターに座っても動揺しないようになりたい、と思いながら。

こんなときは、いつもの方法でお店探しを。「金沢」「自然派ワイン」「ヴァンナチュール」というキーワードで検索して見つけたのが、「伊東商店」さんでした。なんのツテもないお店に行くのは、いつでも、いくつになっても、ドキドキします。ましてやひとり。咳をしてもひとり。しかも日も暮れてきました。

グーグルマップによれば、目当ての伊東商店は、金沢の繁華街、香林坊《こうりんぼう》や片町《かたまち》から歩いて5、6分のところにあるよう。とりあえず行くだけ行ってみよう。

お店は、小さな川のすぐそばで、繁華街に近いとはいえ、静かな住宅地にありました。古い味のある建物にほんのりと灯る明かり。さりげなく前を歩いて、ちらりと見てみると、こちら側、つまり窓に面してカウンター席がある様子。うむ、あそこに座ればいいかな。いったんはそのまま通り過ぎて、付近を無駄に一周してから、意を決して入りました。

そして、予定通り、窓側のカウンター席へ。「ワイン、全部ナチュールですか？」と聞くと、「そうですよ」と優しく、グラスで飲めるワインを教えてくれました。その方が伊東さんのよう。

奥もカウンター席になっていて、おひとりの方がちらほら。ああ、よかった、とほっとしました。テリーヌ・ド・カンパーニュとキャロット・ラペをつまみながら、ワインを2杯。ひとりで誰とも話さず、小さいけど勢いよく流れる川と静かな住宅街、時々通る仕事帰り風の人や自転車に乗る人を見ながら、勝手にいろいろ妄想して、小一時間の軽い夕食タイムになりました。

思えば、今日一日、お店の人や美術館のチケット売り場の人以外、誰とも話していないなあ。でもこれもいい。誰とも話さないって、とても新鮮です。

✦自分のお土産に「吉はし」の生菓子を

母がお茶の先生に教えてもらったという、菓子舗「吉《よし》はし」さん。母との旅で、前日までに予約しておく必要があることを知り、あわてて電話したらその日はお休みで、結局買えませんでした。その後、友人とリベンジでトライして、淡く口溶けのよい上生菓子に感動しました。

今回は帰る日に受け取れるように予約して、自分へのお土産に。とにかく練り切りがふわふわで、はらはらしゅるる～と、口の中で溶けるようなのです。練り切りって、「しっとり」と表現したくなると思うのですが、ここのは「ふわふわ」と表現したい。季節ごとに変わる上生菓子のラインナップは、予約時に電話で聞くと、親切に教えてくださいます。

金沢出身の友人に、「それにしても金沢ってお菓子パラダイスよね?」と言ったら、教えてくれたのが氷室《ひむろ》まんじゅうの話でした。

江戸時代、加賀藩・前田家では、冬に降った雪を氷室小屋に貯蔵しておき、旧暦6月1日（新暦では7月1日）の氷室開きで取り出し、その氷を江戸に献上していたのだそうです。氷が無事に江戸に届きますようにと願い、添えられたのが「氷室まんじゅう」で、現代では7月1日に食べるのだそう。

そんな贅沢な菓子にまつわる伝統が300年ほど前からあるなんて、さすがリッチな加賀百万石！　菓子文化が華やかなのも納得です。パッケージや包み紙、菓子の形など、プレゼンテーションが百花繚乱なのも、数ある観光地の中で、金沢がダントツだなと思います（私調べ）。

✦帰りは「金沢百番街」に立ち寄って

金沢では、老舗も、新しいお店も工夫を凝らしていて、おいしそうなお菓子を見ているだけでも楽しめます。金沢駅のショッピングモール「金沢百番街」のお土産ゾーンに行くと、それらが一堂に会しています。そしていつも迷いまくる。

最近、わが家でとても喜ばれたのが、入ってすぐのところに隣り合わせである、バスクチーズケーキとチョコレートです。バスクチーズケーキはいろいろなところで目にしますが、こちらは人気のスペイン料理のレストラン「respiración（レスピラシオン）」（近江市場からすぐ、ランチもおすすめです）のもの。その隣にあるのが、和のイメージのユニークな食材やスパイスを組み合わせたチョコレート店「FILFIL cacao factory by FIL D'OR（フィルドール）」。とくに私は山椒が好き。パッケージも洒落《しゃれ》ています。

カカオチョコやピーナッツバターなど、ありそうでなかったフレーバーの羊羹「たろうのようかん」は、軽やかな味わい。こちらは「茶菓工房たろう」のもので、どっしりした羊羹が苦手な方にも喜ばれます。1つから買えるので新幹線のお供にも。ここの「窓」という名前のキューブ型のモナカも好きです。冬はラムレーズンを。

金沢といえば、おなじみの加賀棒茶の老舗「丸八製茶場《まるはちせいちゃじょう》」の少し強めに焙煎された深炒りほうじ茶「BOTTO（ボット）」もおすすめ。モダンなパッケージもさすがです。

地酒もこのお土産ゾーンで買えます。「金沢地酒蔵《かなざわじざけぐら》」には、利き酒セットや、カップで飲める自販機も。ちょっと寂しくなる旅の最後に、じっくり見て歩いて、ここでテンションを上げて帰ります。

◆ひとりごはんにおすすめの店

・おでん若葉

金沢駅や繁華街からは離れていて、やや行きにくいですが、酒蔵「福光屋《ふくみつや》」さんの隣にある、おでん屋さんです（ちなみに私は福光屋さんの「福みりん」を20年以上愛用しています。酒蔵の1階にショップもあり）。ここはおでんに加えて土手焼きがとってもおいしい。おでん鍋を囲むようなカウンターで、ひとりの方も多いです。

・広坂《ひろさか》ハイボール

金沢の繁華街、香林坊から歩いて5分くらいのところにあるすばらしきバーです。2階なのでちょっと躊躇しますが、勇気を出して入ってしまえば、カウンターにひとり、でも大丈夫。オーナーの元気さんが、ベストな距離感で心和ませてくださいます。店名のハイボールをぜひ。一見普通なのに、なんで？っていうくらいほかと違います。アテもおいしいので、軽くごはんも可能です。

・北陸金沢回転寿司　のとめぐり
友人が勧めてくれた駅ビルの中にある回転ずし。ひとりでも入りやすい、回転しているけどこぢんまりしたお店です。地魚の握りをいただけます。

・つぼみ
金沢21世紀美術館からも近い、甘味カフェ。抹茶パフェは絶品です。いつも混んでいるので、うまくタイミングを狙って。かき氷もおすすめ。

◆九谷焼

・九谷焼諸江屋《くたにやきもろえや》

金沢といえば九谷焼。香林坊の交差点からすぐの諸江屋さんには、九谷がずらり。高名な作家さんのものから、リーズナブルなクタニシールシリーズまで揃います。九谷ミュージアムのつもりで1階から3階まで見てみてください。絵付けの細密さ、九谷グリーンの澄んだ美しさに一目惚れして購入したことも。使える宝物です。

◆ひとりにおすすめのホテル

・ハイアットセントリック金沢、ハイアットハウス金沢

金沢駅からすぐのハイアット系のホテル。「セントリック」の方がややお高くて、「ハウス」はキッチン付きの部屋もある長期滞在型のホテル。ハウスもとてもきれいで、簡易キッチンがうれしい。シャワーしかない客室が多いのがバスタブ好き（私）には物足りないけど、1、2泊なら問題なし。レセプションがあるスペースも広くて、小さなコンビニのようなコーナーもあって、ここで仕事もできます。

・ホテルフォルツァ金沢
ほかの街でもとても使い勝手がよくてひとり旅におすすめのホテルチェーン、フォルツァさん。近江市場にほど近く、便利で、新しくてきれい。平日なら1泊5千円ほどで泊まれます（2022年宿泊時）。

愛しのふるさとは、元祖ダイバーシティ――長崎

自分の街に新幹線がやってくるのがこんなにもうれしいなんて、想像さえもしていませんでした。

２０２２年9月23日、西九州新幹線の長崎駅と武雄《たけお》温泉駅を結ぶルートが開通しました。わがふるさと長崎に初めての新幹線、その名も「かもめ」がやってきたのです。計画はかれこれ20年以上前から聞いていたし、前年、「いよいよ開通！」のポスターを見ても「へぇー」という感じでした。なのになのに、実際に来たとなったら、自分でもびっくりするくらいワクワクして、涙がちょちょぎれて、乗りたくてたまらなくなりました。

しかし、この新幹線、計画では長崎から博多までつながるはずが、やっとその半分、長崎から武雄温泉までの31分が開通しただけ。それでも、乗ってきました、ひ

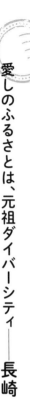

とりで。長崎駅から武雄温泉駅まで行き、すぐに長崎へ戻る、とんぼ帰りです。

車体は、前から見ると、目が赤くて、耳がたれたうさぎみたい。側面にはひらがなの墨文字で「かもめ」と書いてあります。指定席はグリーン車かと思うようなゆったり仕様で、シートの背もたれはラウンド型の木製、床はかわいいモザイク柄。さすが車両デザインの秀逸さで知られるJR九州です。

乗った感想は、とにかく楽しかった〜! でも、やっぱり短い。長崎は歴史遺産もたくさんある街です。軍艦島だけでなく、魅力ある離島もあり、美しい海も、やさしい山もあります。47都道府県魅力度ランキングでも上のほうだし（軽く自慢）。早く博多までつないでほしいなぁと、急に新幹線熱望論者になってしまいました。

✦最西端の街へ、ようこそ

さてみなさま、もしも新幹線で長崎駅に着いたなら、それは新幹線に合わせてピカピカになった新しい長崎駅です。まず降りた駅のホームを海方面に向かってまっすぐ歩いてください。ホームの前に広がる海、それが長崎港です。

新幹線が止まらずにそのまま走ったなら、海に飛び込んでしまう⁉　こんな駅、長崎だけだと思います。そこに「日本最西端の新幹線駅」というプレートが掲げてあります。

そう、長崎は西の果ての街。以前ポルトガルに行ったとき、ヨーロッパ最西端のロカ岬を訪ねました。大航海時代から長崎とは浅からぬ縁で結ばれていたポルトガル。東が日出《ひい》づる街なら、西は日の名残《なご》りの街。何か通じるものがあったのかもしれません（リスボンでは、長崎そっくりのところが散見され、びっくりしました）。東京から長崎へ帰ると、朝が暗めだな、日が長いな、と西端にあることを実感します。

そんなわがふるさと長崎を、もしひとりで旅するなら？　2泊3日のおすすめプランをご紹介します。

✦長崎空港を空から眺める

長崎まで空路なら、たとえ通路側が好きでも、今回ばかりはぜひ窓側の席をおすすめします。空港に降り立つまでの景色が必見なのです。

長崎空港があるのは海の上の人工島。着陸が近づくと、エメラルド色の大村湾に、大小さまざまな小島、入り組んだ入江、そこに浮かぶ船、ゆるやかな丘に建つ家々、段々の田んぼ、まるで自分がドローンに乗っているかのように、次々と目に入ってきます。その海の美しさったら！　ドキドキします。海と陸が複雑にからみ合う様に、「へぇ～、あの岬はどうなっているんだろう？」「あの棚田《たなだ》に立ってみたい」と声を上げながら見入ってください。機内がきっと盛り上がります。

空港に着いたら、長崎市内まではバスで。長崎市の中心、新しくなった長崎駅や繁華街までは40分ほど。旅のベースはこの長崎駅近くが便利です。駅裏にできたヒルトンホテルがおすすめ。窓から港と駅のホーム、両方が見られる部屋があります（都心のヒルトンよりぐっとリーズナブルです）。

✦港をぐるっと散歩しよう

長崎駅は長崎港にほぼ面しています。この長崎港、昔から「鶴の港」と呼ばれてきました。上空から見ると、羽を広げた鶴がひょいと首を伸ばした姿に見えるからです。鶴の首に見立てられるのは、長崎港に注ぎ込む川。広がる羽に見えるのが、外海に向けてゆるやかに広がる港です。この港沿いを〝歩く〟ことができます。長崎ひとり旅の1日目は、ぜひこれをおすすめしたい。

原爆の標的だったとも言われる三菱重工業長崎造船所の跡地を背後にして羽に沿うように、長崎駅からスタートし、すぐ横の新しい県庁舎を経て、長崎と離島を結ぶ波止場である「大波止《おおはと》」、新たに整備された「水辺の森公園」、そこに建つ隈研吾《くまけんご》氏設計の「長崎県美術館」、そして日本有数の古い西洋建築である「旧香港上海銀行長崎支店記念館」や「グラバー園」、「大浦天主堂《おおうらてんしゅどう》」がある南山手の裾あたりまで、オール海沿いの遊歩道を歩けます。ここ数年の整備で〝徒歩で〟港をまわることができるようになりました。もちろん、走っても最高です。

中でも長崎駅から大波止&長崎県美術館までのおよそ2キロは、「でかした！長崎市！」と拍手したくなる、人生ベスト3に入るすばらしき散歩道。港をさまざまな角度から見られるようになっていて、海がとにかく近いのです。

大人な設計なので、高い柵などはなく、しゃれたウッドデッキ、ピクニックもできる広く青い芝生、そして港からの水路を建物がまたぐ独特な設計の美術館と、陸側も楽しい。

かつて、このあたりには貨物列車の引き込み線が残り、そのまわりに家や商店や倉庫が混在していました。この倉庫が古くて人の気配もなくちょっと不気味な風情で、散歩には向かないところでした。整備は骨の折れる仕事で、決してみんながハッピーではなかったかもしれませんが、今はとても穏やかな美しい公園（水辺の森公園）になりました。湾と船、遠くの造船所や低めの山並み、島影を見ながら、日がな一日、ひとりでのんびりと過ごしたい稀有な場所です。そうそう、復元された「出島《でじま》」もすぐ近くです。

ちなみに私はこの港、大波止（波止場）のそばで、船を見に行ったり、貨物の引き込み線をこっそり渡ったり（本当はだめ）しながら育ちました。

むんっと潮の匂いがする波止場の海。満ち引きが橋の上からでもわかりました。五島列島などの離島へ行く船や、長崎港の遊覧船が行き来し、たまに外国の大型客船も寄港します。川と海が混じり合う汽水域《きすいいき》まで行けば、からすみの親のボラが泳ぐのが見えました。

長崎は江戸時代からの港町です。だからウエルカム長崎はぜひ港で感じてほしい。運がよければ、南極調査船の「しらせ」とか、ビル？と見まがうような中国の巨大な客船（大きすぎて船に見えない）にも出会えます。

✦キーワードはダイバーシティ。歴史を知るとおもしろい

旅は歴史を知ると楽しくなると、いつも思います。

長崎はご存じの通り、江戸時代、鎖国の間も外に向けて開いていた街。明や清、オランダ、ポルトガル、イギリスなどからの「異人」たちの居留地が街中にありました。今もグラバー邸（トーマス・グラバー氏はイギリス人）に代表される西洋建築群が残り、教会も、外国人墓地もあります。

また唐人屋敷跡も残っています。ここで暮らしていた人は主に今の中国の福建省の南のほうから来ていたようで、それは沖縄や台湾と同じです。

1662年、当時オランダが支配していた台湾南部で、オランダ軍を駆逐し、現在の台南に都を作った鄭成功《ていせいこう》。台南には彼の銅像やゆかりの廟《びょう》があり、台湾では誰

もが知っている歴史上の人物です。日本でも浄瑠璃や歌舞伎の国姓爺合戦《こくせんやかっせん》の主人公として知られています。彼の母親は日本人で、長崎の人でした。

今も台南に行くと、「おお、これちゃんぽんだ！」と思う麺や、長崎カステラ（台湾のふわふわカステラとは違う、長崎由来のカステラ）を見かけます。

私の母の親友は、台湾から長崎の中華街に嫁いできた人でしたが、もともとは福州（今の福建省）から台湾に移り住んだファミリーだったそう。今も、長崎の中華街には福州から来た人たちの子孫がたくさんいらっしゃいます。

オランダやポルトガル、イギリスを中心とする欧州からの人々、福州を中心とした中国大陸や、台湾からの人々、そして生粋の長崎人、江戸から来た役人、さらに江戸をはじめ全国から「長崎留学」で集まってきた人々、ぜーんぶがこの小さな街で交流し、暮らしていました。

つまり、江戸から明治にかけて、長崎は「ダイバーシティ」だったのです。

✦卓袱料理は、丸テーブルで無礼講

さまざまな人が集まる街であることを象徴するものとしておもしろいのが、長崎だけにある食事スタイル「卓袱料理《しっぽく》」だと思います。卓袱とは、丸いテーブルのこと。その丸テーブルでの食事のルールがユニークなのです。

まず、丸だから上座も下座もありません。当時の武士の本膳料理《ほんぜん》は上座から末席まで偉い順にずらっと膳が並びましたが、それはなし、というわけです。席に着いたら最初に「お鰭《ひれ》」と称されるお椀が出ます。これはひとりにひとつ鯛のお鰭（胸《むな》鰭《びれ》付きの身）が入った吸い物で、「あなたのために鯛を一尾、さばきましたよ」というおもてなしの心を示すものです。

このお椀をいただくまでは、お酒もなし、神妙に。しかしその後は、料理にややこしい順番はなく、さまざまな料理が一斉に並びます。「和華蘭《わからん》」と言われるように、和風、中華風、オランダ・西洋風料理が混在し、刺し身も、長崎てんぷら（フリットに近い揚げ物）も、東坡肉《トンポーロウ》（角煮）も出てくる。客人はこれを好きな順に、好きなものから食べてよかったそう（その後、懐石などの影響もあり、順に出す店も出てきました）。

よく祖母が言っていました。「そうやって、西洋人も唐人も日本人も、武士も商人も、男も女も、インテリも無学な人も、マナーも食べ方も気にせず、食べられるようにしたとやろねー。長崎らしかたい」と。これぞ、ダイバーシティ。

日本を代表する3つの遊郭、吉原（東京）、島原（京都）、丸山（長崎）の個性にも長崎らしさは現れていたようです。丸山の料亭の方から、「器量の吉原、衣装の島原、おもてなしの丸山」と聞きました。長崎の花魁《おいらん》がブスだった、ということでは決してなく、地位の高い花魁でも、客の下駄を懐で温めてもてなした、と。下級武士も異人も分け隔てなくもてなしたそうです。丸山には今も坂本龍馬の刀傷が柱に残る料亭があります。

✦ダイバーシティを〝さるく〟

さて、長崎旅の2日目は、歴史とダイバーシティっぷりを感じながら、今度は街を〝さるく〟のはいかがでしょう。「さるく」とは、長崎弁で「ぶらぶら歩いてまわる」の意味。

長崎で昔からうたわれている歌に「長崎ぶらぶら節」というのがあります。子どもの頃、よく宴会で大人たちが歌っていました。なかにし礼さんがこの歌をモチーフにした同名の小説を書かれていて、吉永小百合さん主演で映画化もされました。文字通り長崎をぶらぶらさるく歌で、歌詞には名所が並び、長崎の季節行事や風習がうたわれています。昔からぶらぶら歩くのによき街なのだと思います。

まず、駅とは逆側から港を見下ろす鍋《なべ》冠《かんむり》山《やま》へ。ここの展望台は斜めから長崎港を見る位置にあり、鶴の港と坂の街が一瞬で把握できます。夜景も息をのむ美しさなので、一日の最後に行くのもおすすめです。

そこから、南山手へ。「グラバー邸」と「大浦天主堂」（国宝であり世界遺産）を見てから、オランダ坂を経て、プロテスタント系の学校の赤い屋根のある校舎や、石畳、いわば欧州エリアを歩きます。

坂を下りきると、今度は中華エリアです。長崎孔子《こう し》廟《びょう》、唐人屋敷跡、そして中華街へ。さらに、かつての丸山遊郭あたりへも歩いて行けます。男たちが丸山へ行くかどうか思案したという思案橋もすぐ近く。ここに逡巡して見返ったという見返り柳もあります（なんでもない普通の柳です）。

子どもの頃はとても歩けないと思っていましたが、大人になって歩いたら、まるっと歩いても2万歩くらいでした。脚力と相談しつつ、疲れたら路面電車に乗ったりしながら、ぶらぶらさるいてください。

もし、もっと歩けそうだったら、坂本龍馬が日本で初めて作った株式会社と言われる、亀山社中《かめやましゃちゅう》跡（亀山社中記念館）へも。思案橋から10分ほど歩いて寺社がずらりと並ぶ寺町通に出たら、そこから山のぼりのような急坂を行った上にあります。せっかくなので、坂道の洗礼を受けながら歩いてほしいな。ええ、長崎で自転車はぜったいにおすすめしません。

✦ひとりだからこそ、原爆資料館へ

そして3日目、ひとり旅だからこそ行ってほしいのが、原爆資料館です。長崎駅から繁華街とは逆に、市電で15分ほどの、爆心地にあります。

暗い気持ちになる、と思うなかれ。いや、きっとなりますけど、旅の途中の1時間でいいので立ち寄ってほしい。いま戦禍にあり核兵器の脅威にさらされている国のことや、もっと身近な福島のこと、原発のこと、考える機会になると思います。

また、浜町《はまのまち》アーケードや駅から歩いて行ける長崎市立図書館にも、「救護所メモリアル」があります。以前この図書館の場所にあった新興善《しんこうぜん》小学校が被爆者の救護所だったことから、当時の建物を再現し、さまざまな資料とともに展示してあります。

私の生家も、爆心地から2キロ強くらいのところでした。原爆が落ちたその瞬間ではなく、その十数年後、数十年後、原爆が原因と思われる白血病や、多発性のがんで伯父や伯母たちを失いました。一瞬にして大量殺戮するだけでなく、その後も毎年、人が死ぬ。それが原爆です。

✦お昼は「吉宗」、夜は「ファミリア」で

お昼、そして早めの夜でもひとりで入りやすい長崎らしいお店が「吉宗《よっそう》」です。

町の中心、浜町アーケードからすぐです。江戸時代の創業とか。名物は茶碗蒸しと蒸し寿司のセット。この茶碗蒸しはあえてのゆるめで、いわばお吸い物代わり。お出汁がなんとも染みますよ。

多くの方はこのセットを食べていますが、ここでひそかにおすすめしたいのが、鯖寿司。京都とはまた違う、新鮮なキレッキレのサバがある長崎ならではの締めすぎていない肉厚な鯖寿司です。ひとりなら、この鯖寿司と茶碗蒸しの組み合わせもよいかと思います。

夜は、この吉宗からすぐのところにある「ファミリア（famiglia）」をおすすめしたい。イタリアで修業し、塩まで手作りする岩永シェフが、カウンターでいい感じの距離感で優しく応対してくれます。

長崎近郊の放牧豚を使った自家製のロースハムや、パテ・ド・カンパーニュ、手打ちで竹炭が入ったパスタや、魚がおいしい長崎ならではの魚介のショートパスタなどなど。

私は、長崎市内で居酒屋を9軒やっている小学校の同級生にこの店を教えてもらいました。ひとりでも行けるよ、そして、ものすごくおいしいよ、と。プロも行く、みんながシェフに会いに来る、地元に愛されているお店です。

また、長崎駅構内の「長崎街道かもめ市場」もフードコート仕様でひとりに優しい。長崎県内の焼酎、日本酒がさくっと立って飲めるカウンターもあります。旬の地魚が丼で楽しめる「魚〇亜沙《うおまるあさ》」もおすすめ。

このすぐ横に、「蘇州林《そしゅうりん》」というちゃんぽん&皿うどんのお店があります。ここは、特に〝ばり細〟な揚げ麺の皿うどんが有名で、細いから、野菜と魚介たっぷりのあんがよくからんで、食べやすい。この揚げ麺はお土産にも。麺を皿にのせて、冷蔵庫の残り野菜と豚肉を炒めてのっければ、あっという間にできあがる、しかもごちそう感がある、皿うどんってすごいといつも思います。

ちなみに、ちゃんぽんや皿うどんは、ほとんどのお店で、気後れせずにおひとりさまごはんができると思います。ちゃんぽんで私が好きなのは「康楽《カンロ》」。思案橋のそばにあります。ここは夜しかやっていませんが、昔ながらの食堂のような店なので、ひとりでも大丈夫。さくっと食べて、まんぷく、幸せ、そしてさくっと帰りましょう。

✦旅するあなたについて歩きたい

故郷・長崎を出て上京し、30年以上が過ぎました。もはや東京の方が長いのに、今も、東京を歩いていると、旅をしているような感覚になることがあります。

一方長崎は、離れて30年以上も経つのに、勝手なことを言えば、やっぱりホーム、私の街です。

50歳を過ぎた頃から特に、ふとしたきっかけで、長崎のなんでもない景色が頭をよぎることが増えました。真夏の渋谷で見上げた空に、長崎のお墓のある寺で見上げた青空がオーバーラップしたり、京都にいて、祇園祭のおはやしを耳にすると、長崎の秋の大祭「おくんち」のしゃぎり（奉納音曲）に脳内変換されたり。

長崎に帰りたいわけではありません。うちは商家だったからか、細かいしきたりや、うっとうしいことも多く、18歳の私には窮屈でした。岡崎京子さんの『東京ガールズブラボー』（北海道から東京にあこがれて上京した女子の話）さながらに、ここはだめ、東京に行かんばはじまらん！と後ろ髪の1本さえもひかれずに東京に出てきました。

それでも、ふと長崎を思う。しかも愛おしくて、なーんか泣ける。あれれ？これが郷愁というやつなの？　老化？　愛がましましに？　不思議でなりません。

「はがいか〜」とは、標準語に直せない長崎弁で、「悔しい」と「はがゆい」を合わせた言葉です。本当は、ひとりで長崎を歩くあなたの横に、背後霊か、南君の恋人みたいになってついて歩きたい。そして、ここもあそこもと案内したい。それができなくて「はがいか〜」と思いながら、今これを書いています。

ひとりでぶらぶらさるいて、長崎が、もう一度行きたい街になりますように。

第3章

海外ひとり旅

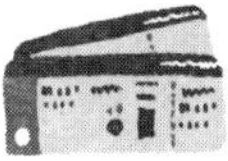

初めての海外ひとり旅なら台北へ——台湾

コロナ禍の前まで、台湾に〝通って〟いました。そして、最も通った街、台北の旅のガイド本『食べて笑って歩いて好きになる 大人のごほうび台湾』（ぴあ）まで書いてしまいました。

この本のタイトルの通り、まず、台湾はごはんがおいしい。しかも、ひとりでもおいしいごはんが食べられます。本の中でご紹介したのも、8割方は私がひとりで食べてまわった台北のお店です。

そして、台湾ってところは、なんだか旅人をニコニコの笑顔にしてくれるところです。たとえひとりでも、ベースが笑い顔になる。しかもひとりで歩きやすい。つまり、食べて、笑って、歩く、最強のひとり旅ができます。

台湾ひとり旅でどれだけ〝ごきげん貯金〟をさせてもらったことか。帰国してからも、凹み気味なときに思い出すと、眉間のしわもゆるみ（消えないけど）、頰もゆるみます。ありがとう、台湾！

✦タフで優しき人々に教えられる

そして今、この原稿も、コロナが少し落ち着いた台湾で書いています。なぜそこまで惹きつけられるのか？

いろいろな魅力がありますが、やっぱりいちばんは、人かな、と。人の優しさ、率直さ、大きさ、人情。よく私は「台湾の特産品は人だ」と話します。それは、旅人の私に親切にしてくれるというだけではありません。

台湾では、「おつかれさま」は「辛苦了《シンクーラ》」。辛いことや苦しいことが終了したと書きます。これ、台湾そのものだなと思うのです。大変な、辛苦に満ちた歴史を経て今の台湾があると知ったから。

台湾が今のような民主的で豊かな国へと舵《かじ》を切ったのは1980年代半ばのこと。私も台湾へ通うようになり、何も知らなかった自分を恥じて、硬軟の台湾関係の本をむさぼり読んで知りました。

記録が残っている17世紀から、1980年代中頃までの台湾の歴史に、本や映画で触れることをおすすめしたいなと思います。特に、1895年から1945年まで、50年間にわたって日本が統治していたことは、今の台湾に少なからず影響を与えていますし、私が台湾に惹かれる遠因でもあると感じています。


今台湾に住んでいる人たちは、原住民（台湾では先住民ではなく原住民と呼びます）以外はすべて移民です。そう、アメリカのように。そして、いつ台湾に来たか？　なぜ来たか？が意外に大きな意味を持ち、その違いによって様々なファミリーヒストリーがあります。その違いは、互いに許しがたい〝違い〟であることも。それでもそれらを乗り越えて、今ここで一緒に暮らしています。

長い時間をかけて、自分たちの手で、いくつもの民族が共存する台湾をつくってきた。それを知ると「辛苦了」、と言いたくなるのです。「タフでなければ生きていけない。優しくなければ生きていく資格がない」。台湾に来るとよく、あの探偵のセリフを思い出します。

そんな人たちに後押しされるからか？　台湾にいると、だいたいのことがどうでもよくなる。というか、おおらかな気持ちになれます。東京で、自分のちっちゃさを全開にしてイラッ！としたことも、砂利みたいに蓄積していたわだかまりも、大したことないじゃないか、と。

「怒りは自分に盛る毒」というネイティブアメリカンの言葉を、台湾の友人に教えてもらいました。怒ると、相手もさることながら自分が凹む、毒にやられる。だから怒るより、憎むより、前に進もう、と。

✦ひとり旅のインフラフルセットが揃っている台北

さて、ひとり旅です。海外ひとりはじめは、台北からどうでしょう。

台湾の中でも台北は、ひとり旅が快適にできるインフラが揃っています。まず、治安がよい。もちろん危ないところがあるのは日本と同じですから、いつも通りの注意は必要です。

また、衛生観念がアジアの中でいちばん私たち日本人と近いと感じます。それは旅のしやすさにつながっていると思うのです。このトイレに入れるか？　この器で食べられるか？（潔癖サイドにもワイルドサイドにも個人差はありますが）。

仕事で行った台湾で、日台のスタッフで火鍋（鍋料理）を囲んでいました。ある台湾人スタッフが、日本以外の某アジアの芸能人を案内したときの話として、「初対面だったのに、直接自分の箸を鍋に入れたから、それを見て僕はもうその鍋を食べたくなくなった」と。台湾ではトングが置いてあって、各自それで取って自分の皿に入れ、それから自分の箸で食べます。「家族や昔からの知り合いならともかく……」と。ちょっとわかりますよね、この感覚。

この感覚が分かり合えるのには理由があります。日本統治時代、風土病に悩まされていた台湾で、日本が着手したことのひとつが衛生教育でした。教科書に「手を洗いましょう」と書くことからはじめたそうです。同時代の日本の子どもたちに教えるのと同じように。それは、清潔にする〝行為〟だけでなく、〝価値観〟を共有できる理由になっていると思います。

台湾では、多くの人が親切で良識があり、スマート。頭がよくて、計算も早く、この面でも日本人はストレスを感じないと思います。会計で55元のとき、１０５元を出すと即、50元返ってきます。

そして、ありがたきは漢字表記。台湾で使われているのは繁体字《はんたいじ》で、日本よりも難しい漢字ですが、中国の簡体字《かんたいじ》（誰でも読み書きできるようにと、簡単にしたもの）より日本の漢字に近いので、だいたいはわかります。日本語ではひらがなで表現する助詞なども漢字表記なので、一筋縄ではいきませんが、地名や駅名を見る、メニューを見る、などは、それほど困りません。

✦ひとりごはんが超充実

台湾には、「小吃《シャオチー》」と呼ばれる、小盛のおかずや麺、ごはん物を出す店がたくさんあって、小腹がすいたら時間に関係なく、台湾の人の多くがひとりで食べています。小吃は市場のまわりや夜市、廟《びょう》（寺）の近くには必ずあります。また、会社が多く集まるところにも。家で料理をしない人が多数派なので、うちの台所代わり的な、気張らない家庭料理を出す店が街中にあるのです。

それぞれのお店のメニューはそれほど品数はなく、勝負の1択や2択だけの店も多くあります。牛肉麺《ニョウロウミェン》しかない、その大と小だけ、みたいな。

また複数のメニューがある場合も、2、3文字を調べればどんな料理かだいたいわかります。なんならすぐそばで作っていることが多いから、それを指さすとか、先に食べている人を見て「これ！」と指さしオーダーもできます。

テイクアウトもひとりに優しい。お弁当も好きな具を自分で詰めるスタイルの店が多くてテンションが上がります。饅頭や焼餅など、買ってすぐに食べられるものも街中に。たいがいちょうどいいところにベンチや公園があるので、そこに座って食べるのもよし。

あるとき、今回は豚まん（肉まん）を食べ尽くそう！と思い、滞在中4日間、これでもか、と食べてまわったことがあります。やはり店によってかなり違いがありました。そして、私は皮フェチだと気づいたのです。

皮は、シンプルに水と小麦粉を合わせ、発酵させて作られます。発酵には、ドライイーストなどを使わず、「老麺《ラオミェン》」と呼ばれる発酵だねを使っている店が多い。老麺とは、店に代々伝わる発酵生地＝発酵だね。大切にキープしておいて、新しい生地に加えて発酵させます。

最初に聞いたときは、ヨーグルトを牛乳に入れてまたヨーグルトを作るみたいだなと思いました。開店から足し続けている秘伝のたれみたいなものと考えてもいいと思います。

この老麺で作ると、日本のコンビニにある豚（肉）まんのようなふくらみ方はしなくて、しっとり控えめなふくらみになるようです。風味は、天然酵母のパンのようなしっかりした小麦っぽさではなく、上品で甘やかな感じに。蒸したてを渡されると、しゅんと縮んでいくようなそんな皮。それが中の肉や野菜にいい具合にからまって、しなやかにまとまるのです。

ちなみに、私が台北で朝よく行く店は、「包仔的店《パオザイダディエン》」や「極品光復素食包子《ジーピングァンフースーシーパオズ》」などです。後者にはインゲン豆だけの具などがあり、具がおいしいなと思います。

✦台湾の精進料理をひとりでお気楽に

「素食《スーシー》」＝菜食も、ひとりごはんにおすすめです。特に昔のようにたくさんは食べられなくなったお年頃女性（私）にすすめたい。

台湾は人口全体の約15％が広い意味の菜食主義者と言われています。宗教的な理由の方が多く、人口に占める菜食主義者の割合はインドに次ぐとか。だから、おしゃれなヴィーガン料理というより、昔ながらの精進料理です。

素食の店をおすすめする理由のひとつは、「自助餐《ヅウヂウーツアン》」というビュッフェスタイルの食堂が多いから。まず、ずらりと並んだバリエーション豊かな料理の中から、自分で好きなおかずを好きなだけ皿（またはテイクアウト用の容器）に盛ります。それを量って、重さに応じて支払います。量らずに容器で一律のところも。その場で食べてもよし、持ち帰ってもよし。

私は菜食主義者ではありませんが、精進料理が好きで、京都のお寺や福井県の永平寺、山形県の羽黒山《はぐろさん》などに食べに行きました。いずれも工夫や知恵があり、野菜のうまみもたっぷり。食べると身体が軽くなるような、健やかなお料理でした。台湾素食も同様です。

日本では事前に予約が必要なところが多く、日常的にふらっと行けるところは少ないです。でも台湾では、歩いていると素食の看板はすぐ見つかるし、通りすがりに入れる食堂がほとんど。お気楽に精進料理が食べられます。

「全素」あるいは「純素」とあれば、最も厳格な菜食で、植物性のみであることに加えて、五葷という、「ネギ、ニンニク、ニラ、ラッキョウ、タマネギ」もなし。五葷にはいずれも強い刺激と香りがあり、食べた後にも匂いが残ります。煩悩をかき立てられるからダメなのかな？

元々私は、この5つが苦手なので、素食好きなのかもしれません。正直なところ、3食ともに素食・全素でいいくらい台湾素食のファンです。台湾料理の優しい味付けに野菜や大豆がよく合うなぁと思います。乳製品はOKの「奶素《ナイスー》」や、卵OKの「蛋素《ダンスー》」もあります。

地下鉄の雙《シュアンリエン》連駅横にある朝市、雙連市場。メインの通りから少し入ったところにある「高家素食《ガオヂャースーシー》」が気に入っていて、ひとりだと必ず寄ります。店頭に並ぶ好きなおかずを皿にとったら、白米か雑穀米かを選んでよそってもらい、店内へ。

お経がBGMとして流れる店内には、近所に住むと思《おぼ》しきお年寄りが何人か、それぞれひとりで食べています。とにかく、いつ行ってもおばあちゃんかおじいちゃんがいる。私のおいしい店ポイントのひとつが、「近所のお年寄りが食べに来る」なので、ここはその典型です。

ごはんをよそってくれる笠智衆《りゅうちしゅう》（昭和の名優）さんそっくりのご主人の、お肌つやつやで健やかそのものの笑顔を見ると、「身土不二《しんどふじ》」という言葉が浮かびます。これを食べていたら間違いないんじゃない？と。

台湾の料理はおおむね、日本人になじみやすい味で、しょっぱすぎない、甘すぎない、辛すぎない、激しすぎない。〝すぎない〟のが特徴。日本で流行中のガチ中華とは逆で、たとえば四川料理であっても、本場に忠実ではなく、台湾風に優しくアレンジされています。それにやや甘めの味付けは、私のような九州人をはじめ、日本の西側の人には、熱く支持される味かと思います。

✦歩いてまわれば、魅力倍増

さて、台北でどこへ行くか？　名だたる観光地も多いので、グループなら観光地から観光地へ飛び石を渡るようにまわる旅も楽しいかもしれません。しかしひとりなら、その飛び石の間を歩いてこそ！　歩きましょう。

で、どう歩くか？　台北でも、いつものルール通り、その日に行きたい場所の3

点セットを決めて歩きます。私のある日のモデルコースをご紹介します。

スタートは市場から

台北での街歩きは、市場からスタートすることが多いです。なにしろ台北には、一度ではまわりきれないいくらいたくさんの市場があって、新旧、大小、歴史もさまざま。それぞれ個性もあり得意な売り物もいろいろ。今回は、何度行っても飽きない「東門市場《ドンメンシーチャン》」を、目的地のひとつ目に。そしてふたつ目の目的地は、東門市場からすぐの「永康街《ヨンカンジェ》」、3つ目はがんばって少し長めに歩いて「国立台湾大学《クオリータイワンダーシュエ》」にしました。

朝10時。地下鉄の東門駅からすぐの東門市場に到着。私は市場へ行くときはいつも、箸と使い捨てのスプーン、小さな紙コップ、薄手のビニール袋、ウェットティッシュを、ジップロックに入れて持って行きます。ちょいと味見にも、半分食べて半分持ち帰る、なんてときのためにも。どんだけ食いしん坊なんだ?と自分でもおかしくなりますけど。

ここ東門市場は、1930年代からあまり変わらない姿で残っているといわれています。古いけれど現役。日本統治時代も賑わっていたと聞きました。勝手なノスタルジーですが、きれいな建物になったりせず、昔のままなのがとってもよい。

大好きな焼餅をほおばる

市場は、「金山南路一段」という大通りを挟んで東西にまたがっています（東側は場外市場）。まず西側で必ず寄るのが、豆花《ドウファ》がおいしい「江記東門豆花《ジアンチードンメンドウファ》」。１９７６年の創業の名店。売り切れごめんなので、13時頃までにはたどり着きたいところ。メニューは豆花の冷と熱と豆乳だけ。トッピングは花生（ピーナッツ）のみで、シロップはすっきりした黒糖風味。このシロップを豆乳にしてもらうこともできます。

豆花とは、ご存じの方も多いと思いますが、まあ、豆腐です。が、日本の豆腐のようににがりを使って作るのではなく、豆乳を石膏《せっこう》（元は漢方由来の食用の石膏）で固めたもの（ゼラチンを使っているお店もあります）。台湾や香港では甘いシロップやトッピングとともにデザート的に食べますが、中国大陸には、塩味や辛いものもあります。

私は豆花が好きで、豆花という看板を見たら、まずとにかく食べる。ひたすら食べ歩いた中で、こちらのお店は私的に甲乙つけがたい台北の1、2トップのひとつ。もうひとつは台湾大学のすぐ近くなので、この日は豆花ではじめて豆花で締めたい、と目論んで。

同じく西側で、熱々をほおばりたいのが「利隆餅店《リーロンビンディエン》」の焼餅《シャオビン》。餅と言っても揚げ焼きのサクッとしたパイみたいなもの。小麦粉と水の生地なのに、どうしてこういうサクッとした層のある食感になるのか？

以前、中国の粉もの料理を学ぶ教室に通っていたとき、畳むようにこねるところがミソと教えてもらい、何度かやってみましたが、サクリくらいで、なかなかサックサクにはならず。この店はもう、とにかくサックサクっぷりが理想的で、具はしっとり、とてもいい塩梅なのです。

特に、大きめのそぼろ牛肉と炒め玉ねぎが中に入った「牛肉餡餅《ニュウロウシェンビン》」がおすすめ。千切りの大根がたっぷり入った「蘿蔔絲餅《ルオボシービン》」も、大根の甘みたっぷりでたまりません。大根、キミにこんな魅力があったなんて、と思います。貼ってあるメニューを指さしオーダーでOKです。

もし翌日帰るなら、このすぐ近くの「66號製麺店《リウシーリウハオヂーミィエンディエン》」で、ワンタンの皮や生ビーフンを買って自分へのお土産にします。

行列の、とろっとろ赤肉羹

信号を渡って東側へ行くと、いわゆる場外に、30年超えの名店「東門赤肉羹《ドンメンチーローガン》」があります。行列ができているのですぐにわかります。店名でもある「赤肉羹」は、豚の赤身肉にゆるめのあんかけスープがかかったようなとろっとろの独特な一品。ごはんにかけてもよし。ちなみに、ここは魯肉飯《ルーローハン》もおいしい。

ある日、おばあちゃんが手ぶらでやってきて椅子にちょこんと座ると、お店の人は何も聞かずに、具が極端に少ない赤肉羹をごはんにかけて彼女の前に。つつっ、ずずっと食べて、コインを1枚置き、彼女は去っていきました。コインは赤肉羹の値段よりもかなり少額。うぬぬ？としばし妄想をしました。毎日来る近所の人？功徳《くどく》を積むためお年寄りには安くしている？　実はオーナー？なんて。それにしても、なんかおばあちゃん、かっこよかったな。

おなかいっぱいになったらぷらぷらと歩いて、2分ほどのところにある人気の観光地、永康街へ。入り口には、小籠包で知られ、日本にもたくさんお店がある「鼎《ディン》泰豐《タイフォン》」の本店があります。ちょうど正午くらいなら、店の前が混雑しているでしょう。番号札を取って待つシステムですが、その場で待っている方も多い。もしまだおなかに余裕があったら、小籠包を。こちらはベースが上海（浙江）料理なので、チャーハンや青菜炒めも、なじみやすくきれいで美味。台北内にも支店がたくさんありますが、特に副菜は本店がおいしいと思います。

永康街の通りには、オーガニックのコスメやシャンプーの店、お茶屋さんなどがずらり。コロナが落ち着いてきた2023年の1月に歩いてみたら、長らく観光客がいなかったからか閉店した有名店もあり。でもきっとこれからまた賑やかになるでしょう。

小さな駄菓子を売る店を見かけたら、ファンが多い澎湖島《ポンフータオ》の名物花生酥《ファシェンスー》（レトロな紙包みに包まれた、ピーナッツをぎゅっと固めたような菓子）を。形はだいたい同じですが、メーカーによって包装紙が違い、味わいも違うので、食べ比べのお土産に。

さらに進むと、台湾師範大学や、日本統治時代に政府の高官や大学教授、文化人が暮らしたという家が見えてきます。それらがリノベーションされたショップや、カフェ、オーガニック食品の店がいくつもあるので、気になったところでひと休みを。台湾人がリノベの名手であることがよくわかります。そこからもう少しがんばって台湾大学まで歩きます。

台湾大学では図書館が必見

台湾大学は日本統治時代、1928年に、日本の7番目の帝国大学「台北帝国大学」として設立されました。建物も多くが当時のまま残っています。台湾民主化への舵を切った李登輝《りとうき》氏はじめ、初の女性総統、蔡英文《さいえいぶん》氏などの出身校で屈指の名門。ヤシの並木道を抜けて、まず、名門の中の名門学部で、歴史ある農学部が育てた農産物、加工した梅漬け、アイスキャンディなどを売っている「台《タイ》大農場農産品展示中心《ダーノンチャンピンヂェンシーヂョンシン》」というショップへ。アイスキャンディで一服します。

そして必見の社会科学棟にある図書館へ。日本を代表する建築家・伊東豊雄氏の設計がとてもユニークな建物です。雨が多い台北、その雨が樹木を流れる様を描いたような真っ白の柱は、美しいだけではなく雨どいの役割も果たしていて、緑化されている屋上に水を撒《ま》く機能もあるそう。台中のオペラハウス（台中国家歌劇院）、高雄のスタジアム（高雄国家体育場）も伊東氏の作品です。

内部もすてきで、波紋を描くような曲線が美しい本棚や、無機質なのに座りたくなる椅子は藤江和子氏のデザイン。ちなみに、中に入るにはパスポート（原本）が必要なのでお忘れなく。

ここまで来たら、「大学口胡椒餅《ダーシュエコウフージャオビン》」の焼きたての胡椒餅《ジャオピン》の誘惑に負けそうになりますが、初心を貫き、豆花ではじめて豆花でしめよう！　私的台北豆花の1、2を競う「龍譚豆花《ロンタンドウファ》」へ。簡素なつくりのガレージみたいな店内で、豆花の冷か熱の二択に、トッピングは花生のみ。極めればシンプルにたどり着くのかもしれません。「江記東門豆花」より、豆花がほんの少し重い。これもまた美味なり、です。

午後4時過ぎ。龍譚豆花からすぐの地下鉄公館《ゴングァン》駅から帰路につきます。

ホテルで小一時間休憩してから、夜はクラフトビールを軽く1杯、スタンディングで楽しめる「啜飲室《チョウインシー》　大安《ダーアン》」（台湾のクラフトビール台虎精醸の直営店）へ。ドラフトビールのタップがずらっと並ぶカウンターに陣取りましょう。2023年の1月に行ったら、梅風味のドラフトビールをロックで飲むスタイルがあって、ヒットでした。台湾クラフトビールは苦み控えめの、これまた優しい味わいです。

✦旅の前後で、台湾にどっぷり浸かる

コロナ禍の前は年間210万人前後が日本から台湾へ旅していました。逆に、台湾からは年間490万人近い人が日本を訪れていたことをご存じでしょうか? 台湾では、最初の海外旅行は日本!という方がとても多いそう。なんだかうれしい。

最後に、旅の前、最中、後に、私が読んでとってもよかった本の中からおすすめのいくつかを。旅立つ前から読みはじめ、ホテルで寝る前にも読んでいます。

・『流《りゅう》』(東山彰良著、講談社文庫)

1975年頃の台北が舞台。龍山寺がある萬華区や、乾物や漢方薬局が並ぶ迪化街あたりを走りまわる主人公。読めば街歩きが深まります。そして、第2次大戦後、中国大陸から台湾に渡ってきた外省人《がいしょうじん》のことも知ることができ、考えさせてくれ

る貴重な一冊。

・『オールド台湾食卓記——祖母、母、私の行きつけの店』（洪愛珠著、新井一二三訳、筑摩書房）

台北のすぐ隣、地下鉄で30分くらいの新北市で育った著者による食エッセイ。読んで行きたくなり、3年ぶりの台北では新北市の蘆洲をまわりました。台湾人にとっての懐かしい味、家庭の味が並ぶ本です。

・『台湾海峡一九四九』（龍應台著、天野健太郎訳、白水社）

著者は台湾文学界の巨匠。読むのに根性のいる本ですが、台湾の歴史、複雑なエスニックを考えるとき、避けて通れない国共内戦、それを越えて台湾で生きるということが、自らの生い立ちを追いながら書かれています。台湾の見方を一段深めてくれた本です。

・『リングサイド』（林育德著、三浦裕子訳、小学館）

舞台は台東。期待の若手作家による今を感じる小説として。現代を生きるエスニックの違う様々な年代、職業、立場の人が登場し、その処し方に今の台湾が見えます。プロレス＝日本文化、しかもこんな風に受け入れられている？とちょっとびっくり。

・『台湾――変容し躊躇するアイデンティティ』（若林正丈著、ちくま新書）
とにかく一冊で歴史を知りたい、という場合は数ある中からこの本をおすすめしたい。

勇気を出して、あこがれの街へひとり旅——パリ

4年前、勇気を出してはじめてのひとりパリ行きを決行しました。

13時間の飛行機旅を経て、ひとりだからと、少し割高だけど選んだ午前着の便で、シャルル・ド・ゴール（CDG）空港に到着。ドキドキ。でも、今日のラッキーひとつ目、パリは快晴。いらっしゃーい、な青空にほっとしました。

誰かと一緒ならタクシーに乗るところですが、ひとりだから、公共交通機関、空港からオペラ座の前まで行ってくれるロワシーバスに乗る！　大きめのスーツケースをゴロゴロ引きながらバス停へ。くつろいだ感じの黒人のお兄さん（マハーシャラ・アリ似）が、「チケットを先に買って」と言っているようなので、彼が指さす方に戻り、チケットを買い、乗車の列に並びます。

パリの空港シャトルバスは、「ロワシーバス（RoissyBus）」と「ル・ビュス・デ

イレクト（Le Bus Direct）」のふたつがあります。「ＣＤＧ空港」と「オペラ座（オペラ・ガルニエ）」を結ぶのがロワシーバスで、ＲＡＴＰ（パリ交通公団）が運行していて、女性ひとりでも安心（もちろん、日中がおすすめ）と、しっかりリサーチしてきたのです。

無事にバスに乗って、スーツケースを荷物置き場によっこらしょっと載せ、それが見える位置に座りました。羽田空港で借りてきたWi-Fiもちゃんとつながって、「無事、ロワシーバスに乗ってます(^^♪」と相方にＬＩＮＥをいれる。ここまでスムーズで、なんだかプチ達成感。いい大人だけど、〝はじめてのお使い〟ができたような気分です。

バスは、普段歩かない団地が並ぶエリアや、様々な人種でごった返す広場を通り、どんどん街の中心へ向かいます。建物も街並みも人も、中心に近づくにつれてゴージャス変わっていきました。

✦50歳の女ひとり旅は安全安心優先で

今回のひとりパリは、相方との夏休み旅行の前乗り。相方が来る日よりも４日ほど前にパリへ行き、３泊４日のひとり旅をしてみよう、と計画したのです。

とにかく、安全最優先。家族や大切な人のためにも、心配性カモーンで準備しました。

まず航空券。パリ線は夜の到着のほうが少しお安かったのですが、日が暮れてから空港に着くなんてもってのほかと、ここは節約せず、午前到着の便に。

両替は羽田空港でするとして、予備に、どこでも使えるドル紙幣も持ちました。これはどこへ行くときも同じで、パスポートケースに20ドル札を3枚くらいいつも入れています（使ったことはないのですが）。このほか、財布をふたつ持つ……などは持ち物編（40ページ）で書いた通り。

✦駅から近い、小さくても安全快適なホテルに

そしてホテル、旅のベースです。もちろん民泊はなし。空港からのバス停や、地下鉄の駅から近く、日が暮れても割と明るく比較的賑やかなところで、24時間レセプションに人がいるホテルを探しました。

しかし、パリはホテルがお高い（２０２２年以降はもっともっとお高いみたい）。とはいえ安全第一だし、いい歳だから疲れがとれるホテルがいいな、と折り合いをつけながら見つけたのが、「ドヌー　オペラ（Hotel Daunou Opera）」という小さなホテルでした。

空港からのバスが着くオペラ座（地下鉄駅でもある）からも3分、夜も明るめの通りで、部屋は狭いけど、私にとって重要なバスタブもあり。

もともとビビリな上に、サスペンス小説好きな私は、マイナスの想像力が猛烈に働くタチなので、この日も靴の中に50ユーロ札を入れて、用心深さ半端ない感じでやって来ました。

バスはオペラ座の横に着きます。降りたら、到着した人やこれから空港へ行く人でごった返していました。そこをかき分けて、パリ名物のスリにも気をつけつつ、ホテルまでごろごろとスーツケースを引きながら歩きました。

チェックインの時間までまだかなりあったけど、部屋に入れてもらえて、パリ・ラッキーふたつ目。やっと緊張のバリアを解いて、ほっと一息。

私にとって4度目のパリ、でもひとりは初めて。パリに友人もいないので、100パーセント〝ぼっち〟のスタートです。

さあ、何をしよう？

✦まずは、わかりやすいところで腕慣らし

この旅で私が行きたいと思っていた場所は、3か所。ひとつは、週末だけ開く蚤《のみ》の市。もうひとつが、パリの街中のいたるところに立つマルシェ、いくつか目星をつけてきました。そして3つ目がオルセー美術館です。

着いたその日は、いちばん行きやすい、オルセーを訪ねることにしました。まず

はわかりやすいところから。スマホと借りてきたWi-Fiをしっかり持って、GO！

オペラ座近くのホテルからオルセーまでは、歩いて25分ほど。のんびりと歩きます。ああ、パリに着いちゃったもんね私、と心躍らせながら、まっすぐチュイルリー公園へ。

左岸へ渡るレオポール・セダール・サンゴール橋は、路面が木のデッキになっているかわいい橋です。例によって恋人同士をつなぐ鍵がずらっと付けられていました。鍵でつなぐなんて、どうなんでしょう？ね。それはさておき、ここから向かって左手にば〜んと見えるオルセーにわくわくします。

かつて、パリ・オルレアン鉄道の駅舎（とホテル）だったオルセー美術館。セーヌ川に沿うように横に長い建物は、ホームを連想させます。大きな時計の下には、顔をあげて時計を見ながら焦って走る人が見えるよう。今は美術館とわかっているのに、無性に旅情をかき立てられます。

かっこええー、パリだよ、パリ。「ボンジュール、オルセー！」と橋の上でつぶやいてみました。

✦新生オルセーで、あの椅子に座りたい

今回、ひとりでオルセーへ行きたいと思ったのは、NHKの番組がきっかけでした。2011年に2年間の改装を終えた新生オルセーの特集番組で、女優の天海祐希さんが、ひとり、完全貸し切り状態でオルセーをまわるという、それはそれはうらやましくも贅沢な番組でした。

絵画を見るのは好きだけど、特に印象派が好きなわけでも、美術に造詣が深いわけでもない私。でも、天海さんが、絵のすぐ近くで、ひとりその絵と向き合う姿を見て、いいな、と思ったのです。本物の（当たり前だけど）ルノワールや、モネやセザンヌの絵の前に置いてある椅子に座って、手を伸ばせば触れられる距離で、じっと見つめてみたかった。

しかもあなた、その椅子は吉岡徳仁《よしおかとくじん》氏がデザインした、水をイメージしたガラスの椅子。いや、これ、芸術作品でしょう。座っていいの？　ここに？という椅子です。気が済むまで座ってみたい。

結局その日は、ずーっとオルセーにいました（混んでいても並べば入れますが、時間がない場合はネットでの事前予約が賢明です）。〝いつまででも、いていいんだよ〟というオルセーの精の声が聞こえた気がしました。ありがとう。

日が暮れてきたので、歩いて15分ほどのデパート「ボン・マルシェ（Le Bon Marché）」へ。食品売り場をくまなくチェックし、たまらなくおいしそうな、ど真ん中の定番ロースハムとバゲット、レバーのテリーヌ、ハーブがいっぱいのサラダ、フレッシュの洋ナシとラズベリー（レバーに合わせる）、ミントの葉（緑茶に入れる）&白ワイン1本（3日かけて飲む、予定）、ジャケ買いで板チョコを買いました。そして、すぐ前の地下鉄に乗ってホテルへ帰り、至福のパジャマ晩餐へ。

というのも、パリってひとり晩ごはんのハードルが高いのです。外で食事をするってことは誰かと話す、会う、そのためよね？ なんでひとり？という文化。ひとりだと予約ができない店もあります。困ったら、カフェとかデパートにあるカウンターのオイスターバーなどの手はあるものの、この日はのんびりホテルで。それにパリで、デパートのお惣菜をたっぷり食べるって、ひとりだからこそできる贅沢です。

✦クリニャンクールの蚤の市へ

中学生の頃、愛読していた『anan』（アンアン、当時はバリバリのファッション誌）で、パリの蚤の市でうんぬんかんぬんという記事を見て、「あー、なんかすごか〜（長崎弁）」とあこがれていました。いつか、と思い、相方とのパリで寄ってみたのでした。今回はひとりで、時間も予定も気にしないで、まわりたい！

パリ近郊の蚤の市はいくつかありますが、クリニャンクールの蚤の市（Marché de Clignancourt）なら地下鉄で行けます。ここはフリーマーケットのようなスタイルではなく、小さなプレハブみたいなお店が並んでいて、それぞれ得意の分野があり、店主はみなさんその道のプロフェッショナル。気になるお店は、店名や番号をメモしておけば、また行くこともできます。中には日本まで送ってくれるところもあるみたい。日本人のバイヤーさんっぽい方々も見かけました。

私のお目当ては、古いクロスや皿、カトラリー。結婚するまでに、その準備として自分でイニシャルを刺繍したというクロスや、今なら気が遠くなりそうなレース編み、花々だったり鳥だったりの素朴な刺繍がしてあるテーブルセンター、味わいのある絵皿、年季の入ったカトラリー、などなど。探せばいろいろあります。

器も、見とれるようなフルセット（平皿だけでなく、スープ皿からピッチャーからココットなどまで含めて150枚なんていうセットも！）から、1枚で買えるものまでさまざま。中には、ヘレンドやジノリのような老舗メーカーの古いものや高価な銀器など、アンティーク的な価値のあるものもありますが、多くはブロカント（brocante）で、生活中古品。アメリカでいうジャンク（junk）です。

それぞれの人が価値を見出して楽しむものだから、一見〝がらくた〟にしか見えないものもたくさんあります。逆に、お宝の見つけがいも。

この日は、少し古い1940年代〜50年代の小花や小鳥が描かれた丸皿とスープ皿を連れて帰ってきました。迷いに迷ったら、いったん店を離れて、ぐるりとまわって、そのまま忘れるようなら縁がなかったということ。どうしても気になったときは戻ります。

洋服やバッグ、アクセサリーなどを扱うお店もあります。私は少し古い、きれいな色の模造石が入ったブローチが好きで、それも何軒か見てまわりました。

手が込んでいて、今はなかなか作るのが難しそうな手仕事のものも、5千円～1万円くらいで見つけられました。はるばるやってきたごほうびかな。

少し時代物の、ぴかぴかではなく使い込まれた欧州の器は、何をのせても、なんだかかえって今どき感が出ます。白でも独特な味わいがあって、触ると〝まろみ〟がある。磁肌も、日本の磁器とは違う魅力があります。洋皿を使ってきた年季の違いでしょうか。

一方で、日本の有田や九谷って本当にすごいな、と、いつも海外で器を見ると思うのです。たとえば同じ年代の皿の絵付けを比べると、有田ってデッサン力が完璧です。平たく言うと、めちゃくちゃ絵が上手。高価な美術品ならわかりますが、日々の暮らしの中で使われていたような器を比べても、完璧さでは有田に軍配が上がると思います。

蚤の市で昔のブロカントをよーく見ると、デッサンがくるっている花とか鳥が。同じセットでも、同じに描けていないね（汗）、とか。でも、必ずしも完璧なものが愛おしいわけじゃないのが、またおもしろいところです。

そんなことを思いながら、朝9時過ぎから午後までランチも忘れて見てまわりました。

✦マルシェへ。料理ができないもどかしさの先に

3日目は朝から左岸のオーガニックのマルシェへ行き、マフィンやクロワッサンを買って、カフェオレを飲み、ドライのハーブを量り売りでたっぷりと。部屋で食べられるトマトも少しだけ購入しました。

そしてマルシェをはしご。カルチェ・ラタンの「マルシェ・モンジュ（Marché Monge）」は露地物の野菜が充実していました。クール・ド・ヴァンセンヌ（Cours de Vancennes）の長〜い大きなマルシェ、コンヴァンシオン（Marché Convention）へも。気になる野菜や肉、卵、魚があっても、ほとんど買えない＝ホテルで料理ができないのが、痛恨の極み。自由気ままに育った野菜やワイルドなきのこを見ていると、レシピが次々と浮かんで、料理したくてうずうず、たまらなくなります。

このもどかしさが、帰ってから料理するときの喜びにつながるんだ、それがいいのだと言い聞かせながら歩きました。見ても触っても味見しても、料理熱で脳みそ

が沸騰しそうになる。それがマルシェの魔力です。

✦運命のフロマージェリーに出会う

この日はさらに歩きました。3つの行きたいところの次に、行きたかったサン・ルイ島へ。ノートルダム寺院があるシテ島のお隣の小さな島。

のんびりと歩いてみたら、なんともかわいいお店がたくさん。中でも、「ベルティヨン（berthillon）」というアイスクリームショップのかわいさったら！　怖いくらいにクリーム・シャンティがのったダークチョコのアイスをいただき、ごきげん貯金を1年分くらいさせてもらいました。

そこから、ポン・マリー（マリー橋）を渡ってサン・ポール駅方面へ。ここで運命のフロマージェリーに出会ったのです。

「Fromagerie Laurent Dubois」、つまり「ローラン・デュボアのチーズショップ」というのがお店の名前。扉を開けると、食べごろ感があり、いかにもおいしそうでナイフでひとすくいしたくなる、美しいチーズがずらっと並んでいました。ホテルで私がいただくために、厳選して小さめだけど贅沢な2つのチーズを購入。

これがおいしくて、相方と合流してから、再び行きました。あとで調べてみると、パリに4つのショップがある人気店で、チーズ職人であり経営者であるローラン・デュボア氏も、とても有名な方でした。

で、お会計をしているときのこと。レジの男性がひょいっと掲げて見せてきたのが、鶏、いや、ド派手な軍鶏《シャモ》のようなものが描かれたクリアファイルでした。

「あれ？　もしかして、じゃくちゅう？」とつぶやくと、「エクセラン（エクセレント）！」とウインク。フランス語が話せないことが伝わると、英語で書かれた小さなチラシを見せてくれました。

なんと、パリ市立プティ・パレ美術館で、若冲《じゃくちゅう》展をやっている！　伊藤若冲（1716～1800）は、緻密な描写と鮮やかな色彩、かわいらしい表情で、日本国内でも絶大な人気を誇る、江戸時代中期の京都で活躍した絵師（チラシの日本語訳）です。日本では長蛇の列とのうわさに怯《ひる》み、見逃した伊藤若冲展。それをパリで見られるとは！

いいね～、行ってみよう！

✦日本の誇り、若冲ばんざい！

すでに午後3時を過ぎていましたが、グーグルマップで調べてみると、バスがありました。セーヌ川に沿って走るバスに乗り、プティ・パレへ。

プティ・パレは、コンコルド広場の先にあるゴージャスな外観のパリ市立美術館。宮殿がドーンとある、フランスっぽい威圧的なエリアで（個人の感想です）行ったことがありませんでした。そこで若冲展とは！

バスの中で調べたら、欧州初の大規模な伊藤若冲展とのこと。宮内庁三の丸尚蔵館の若冲最高傑作である「動植綵絵」（30幅）と、京都・相国寺蔵「釈迦三尊像」が展示され、フランスでも大きな話題になっているとな、ほうほう。

着いてみたら、おおお！　フランス人がいっぱい並んでいました。入場まで1時間待ち。ちょっと迷ったのですが、おもしろそうなので待つことにしました。

すぐ前に並んでいたシックなフランス人マダムふたりが、ずっとおしゃべりしていたので、退屈しのぎに勝手に脳内翻訳。

「若冲は日本では4時間待ちだったらしいわよ。欧州最大規模の展示ですって、こんなチャンスないって」「日本画や浮世絵ってしびれるわ〜」「印象派の画家も、影響を受けたのよ。彼らがいなかったら、オルセーもなかったかも？」（勝手に訳してます。フランス語力ゼロ！）

そうして、やっと中に入ったら、びっくり。さすがフランス、近いぞ若冲！　いっぱい若冲！　日本ならもっと絵が遠いですよね。フランス人が、ハート型のクジャクの羽とか、やけにかわいいタコの顔とか、細部を指さしながら熱心に話している。みなさん興奮気味&大混雑。記念のノートやポストカードを、選ぶにも列、買うにも長蛇の列。

私もやっとこさレジに並んでいたら、さっきのフランス人マダムたちがやってきて私の肩をたたき、「エクセラン！」と言うではないですか。出た、エクセラン2回目！　うふふ、でしょー？と思わずドヤ顔で、固く握手をしました。1時間ほど一緒に並んでいたからか、私が日本人だとわかっていたようです。

「長蛇の列に、レジがたったのひとり〜♪　フランスっぽい〜」といった憎まれ口はゴクリ、飲みこみましたよ。

私も若冲をこれほど見たのは初めてだったくせに、にわかに誇りに思いつつ、暮れなずむパリの街並みを眺めながら、るんるんと路線バスでホテルに帰りました。

✦相方と自分にはがきを書く

楽しかったのに加えて、満ち満ちた幸福感の源は、ひとりでもパリ旅ができる自分でよかった、ということでした。旅の筋肉が弱くなっているかも？と不安だったから、3泊4日を無事に終えられて、うれしかったのです。

夜は、買ってきたローラン・デュボアの白ブドウがのったスイーツみたいなチーズと、大人っぽい熟成感強めのエポワスみたいなやつ（詳細不明）、残り少なくなったワインを飲みながら、荷物の整理。

そして、相方も旅立ったはずで今夜から誰もいない自宅に、ふたり宛で、買ってきた若冲のポストカードでメッセージを書きました。明日、切手を貼って出そう。

翌朝は、ランニングに。オペラからルーブル美術館の前を通り、セーヌ川沿いを地元ランナーのみなさんとラン、気持ちいい！

さて、今日はいよいよ日本からやって来る相方と合流です。なんだかいっぱいごきげん貯金をしたので、機嫌よく迎えられそうです。3泊4日でたまった話をたっぷり聞いてもらおうじゃないですか。

自分をひたすら甘やかす旅へ——バンコク

知人ではない、いわば他人の葬儀に参列したことは、ありますか?

私はおふたりだけ、あります。そのおひとりが作家の森瑤子《もりようこ》さんです。

四ツ谷の聖イグナチオ教会で行われた葬儀は、ほかの葬儀とはまったく違っていました。あふれんばかりの赤いバラで飾られた祭壇、真っ白のグランドピアノ、甘い香り、森さんが好きだった帽子と洗練されたスーツにハイヒールという出で立ちの華やかな方が大勢。聞けば、森さんの「みんなオシャレしてきてね」という遺言によるものだったそうです。

実は生前、森さんに一度だけ、偶然お会いしました。あるラジオ局で、長いテーブルの端に座っていたら、もう一方の端に森さんがお座りになったのです。私は全著作を読むファンでしたから、すぐに森さんに気がつきました。

端と端に、10分ほど座っていたでしょうか。そこで私は意を決して、そのとき持っていた赤いファイルホルダーに、サインをお願いしたのです。そんな暴挙は、後にも先にも初めてでした。森さんは〝出会いのふしぎ　森瑤子〟と書いてくださいました。今も大切に持っています。

それから1年も経たないうちに、52歳で、森さんは帰らぬ人となりました。最後の著作となったのは、「風と共に去りぬ」の続編、「スカーレット」の翻訳。あの日のラジオ出演はそのＰＲだったのです。

✦あこがれたあの人を追って

私が森さんの小説の何に惹かれたのかといえば、かっこいい女と旅です。ベタですけど。

主人公はハンサムウーマンなんていう言葉でも評されました。恋人や夫や母親との確執を抱えて苦悩し、身もだえる姿が描かれていて、そこにやせ我慢があっても、それも含めて、かっこいい女。そして彼女たちはいつも、〝ひとり〟を感じさせました。家族に囲まれていても、華やかな世界にいても、ひとりで決め、ひとりで背負い、ひとりで愉しめる女。それって多分、森瑤子そのものなんじゃないかと、勝手に思ったりして。

著作のひとつである『望郷』（角川文庫）は、ニッカウイスキーの創業者の日本人男性と結婚し、北海道で暮らすことになったスコットランド人女性の自伝的な物語。それは自分で決断する強くて優しい女の、長い長いひとり旅のようだと思いました。

旅好きで知られ、カナダや沖縄に別荘もあった森さん。それらの地や旅先でのことが書かれたエッセイも多く、非日常の中で、解放されたり、自分と向き合ったりする様に魅せられました。森さんも、旅の持つ独特の刺激を、渇望していた気がします（勝手な想像です）。

そんな森さんの描いた場所を、猛烈に訪ねたかった。しかも、ひとりで行きたくて、勇気をもって扉を開けたのが、タイ、バンコクのオリエンタルホテルでした。

✦ザ・バーで白のグラスを

森さんの小説やエッセイに何度か出てくる「The Oriental Bangkok」は、現在のマンダリン・オリエンタル・バンコク。1887年に、バンコク初の西洋風ホテルとして、チャオプラヤ川のほとりに建てられました。かつてはバンコクでいちばん賑やかなエリアだったと聞きます。

長い間いくつかのホテルランキングで世界ナンバー1ホテルに選ばれ、中でもそのロビーはすばらしさからロビーの中のロビー、通称〝ザ・ロビー〟と呼ばれ、そこにあるザ・バンブー・バーは〝ザ・バー〟と称されてきたそう。

森さんが描いた、猫のようにしなやかな動きをするボーイたち、タイ風のロングスカートのスリットから美しい足がのぞくサービスの女性たち。まるで空気に仕掛けがしてあるかのように立ち込める南洋の気配と香りを、そこで体感してみたかった。

とはいえ、ビビリですから、比較的空いていて入りやすい昼間に行ってみました。

そして、思い切ってラタンのシートにひとりすべり込んだのです。

　こういうときにさすがなのが、5つ星ホテル。すっとメニューが出てきて、すらり美女のサービスの方がにっこりしてくれます。モヒートやシンガポール・スリングと思わないでもないけれど、あえて、場慣れしている風に白ワインのグラスを。正直、1杯目なら飲みなれているものが気楽だし。

　完璧なサービス、惜しげもなく供されるナッツやドライフルーツ（おいしい）。天空のような天井に、大きなかさに包まれた明かり、反響するカトラリーの音。デカダンと洗練とが共存する様子に魅了され、ひとりの興奮もあり、私は誰？ここはどこ？という、時間が止まったような非日常感に包まれました。ええ、たとえ真昼《まっぴる》間《ま》でも。

　森さんが描くかっこいい女になっちゃったような、心地よい錯覚。あくまで錯覚ながら、あなたがもし、私と同じバブル世代なら、脳内で、〝たのすい〜〟がこだまするはずです。

　そして、ニューヨークのホテルならば、はっと目が覚める最後のお会計が、思ったよりお財布に優しくて、コスパ最高じゃない？と。

✦自分を甘やかすだけ。観光しないひとり旅

私が初めてタイのバンコクに行ったのは、35年くらい前。家族旅行でした。以来、家族と、友だちと、相方と、ひとりで、かれこれ30回は行っている、実は最もたくさん訪れた海外の街です。そんな私が思う、バンコクの楽しみ方をご紹介させてください。

バンコクには、二十数年前に、地上を走るゆりかもめみたいな電車＝BTS（スカイトレイン）ができ、その後、地下鉄もできて、どんどんひとり旅がしやすくなりました。

リゾートであるプーケットやサムイなどの島や、チェンマイのような地方都市に行くのは、家族や友だちがいた方が楽しいでしょう。そこで、そんな旅とつなげて、先にひとりで行き、バンコクで1泊だけ、あるいは2泊、自分を甘やかすひとり旅をするのはいかがでしょうか。何回か、私がやっているパターンです。家族に申し訳ない気もするけど、ひとりですてきなホテルに滞在して非日常を満喫する、観光

しないひとり旅。

なにしろバンコクはホテルパラダイス。この10年ほどで物価が急上昇しているとはいえ、ひとりで行きやすい大都市の中で、最も〝最高級ホテルのコスパがいい〟と思います。インテリアのセンスも抜群、ホテルごとに趣向が凝らされ、モダンで洗練されていて、ほどよく華美、渋すぎない。

朝、目覚ましをかけずに起きて、気持ちのいい織り目のつまったコットンのシーツでまったり。昼間は、すいているプールで再びまったり。程よく冷たい深めのプールでスーイスイもよし。午後3時ごろから8時ごろまで街歩き&ショッピング。夜はホテルに戻って、泊まっているからこそのバーに行ってみる。普段はハードルが高いひとり飲みも、ホテルのバーなら、ビビリの私でも大丈夫です。

ホスピタリティ大国のタイなら、ひとりなの?という視線もないし、徹底した〝無関心風にもかかわらず完璧なサービス〟が受けられます。

ナイトキャップを1杯だけ、と思って勇気を出して。これが思いのほか、ごきげんにしてくれます。

✦どこに泊まるか？

〝ザ・バー〟での小さな冒険をご紹介した、「マンダリン・オリエンタル・バンコク」は、由緒あるホテルの代表格。「オーサーズ・スイート」と呼ばれる、サマセット・モームなどの作家たちが長逗留《ながとうりゅう》したスイートがあったり、チャオプラヤ川に手が届きそうなメゾネットの部屋があったり。

そのチャオプラヤ川は、ホテルの船で渡ることができます。新しく対岸にできたきらびやかなショッピングモール「アイコン サイアム（ICON SIAM）」には、ひとりでも入りやすいタイ各地の料理を集めたフードコートや、サンセットを見ながら気楽にテラスでビールが飲めるお店もあって、ありがたい。

ホテルの船なら行き先を間違えることもなく、ひとりでも安心です。そしてこのホテルにはＢＴＳの駅が隣接しているのも助かります。

バンコクにはほかにも、モダンで最先端のかっこいいホテルがたくさんあります。サイアムエリアなど街の中心には、ＢＴＳの駅とつながっていて、デパートやショッピングセンターに雨に濡れずに行けるホテルがいくつもあります。

そのひとつ、白ベースでやや無機質とさえ感じる「パークハイアット バンコク」。バンコクを一望できる高層階に、小さいけれどインフィニティ・プールがあって、アガります。夕暮れが最高にきれい。タイの場合、高層階でも柵がないので、怖いくらいによく見えます（実際少し怖い）。オープンエアーのバーもこぢんまりしていて、ひとりでも入りやすいなと思いました。そしてホテル側からドアを抜けると、そこは大人のハイエンド向けショッピングモール。静かですいています。階下には高級スーパーや、ローカルフードがいただけるひとりでも入りやすいきれいなフードコートもあります。

また、「サイアム・パラゴン」というバンコクの中心で最も賑やかなファミリー向けのショッピングモールの中には、「サイアム・ケンピンスキー・ホテル・バンコク」があります。ホテルの中はぐっと静かで、ガーデンプールも美しい。1階にミシュラン2つ星のモダンタイ料理レストランも。

ドアひとつでつながっている「サイアム・パラゴン」には、タイの人気ブランド「グレイハウンド（Greyhound）」によるこじゃれたカフェや、今どきのおしゃれなフードコートもあって、ひとりでも食事に悩むことはありません。

ＢＴＳのラチャダムリ駅からすぐの「アナンタラ・サイアム・バンコク」（前のフォーシーズンズ）も歴史が古く、バンコクではオリエンタルと並ぶオーセンティックホテルです。タイらしい建築が落ち着きます。客室が並ぶ回廊にはブーゲンビリアが置かれ、マホガニーのドアや手すりは美しく磨かれていて、前にある競馬場が見渡せる部屋も。ロビーの正面から2階へ続く階段と壁画が見事で、写真スポットです。街の真ん中のホテルなのに、プールが大きくて深いのもポイント高し。

ところで、旅人として、ひとりでこういうアジアの最高級ホテルのロビーやプールにいると、あらためて、あぁ自分は日本人なんだなと思います。日本人の、そして日本のパスポートの、世界の中でのポジションを再確認させられるからです。

世界中おおむねどこの国にも行けるだけでなく、まあまあどんな場所にでも行けてしまう日本人。たとえば、私がめったに来ない超高級ホテルでも、いやな思いをすることもなく過ごせるのは、日本人だからでもあるな、と思うのです。ただそのポジションにも変化を感じるので、先のことはわかりません。

また、タイのようなリアルなクラス社会で生きるしんどさも感じます。格差、クラス化がもっと進んでくると、違うクラスとは交流もしない。住む家とか車とかプライベートな所有物の違いだけでなく、買い物するところも、泊まるところも、出入りするすべての場所がくっきりと分かれる。日本も、格差は進んでいるとはいえ、幸いにもまだ、くっきりした分断の手前にいます（たぶん）。そんな日本人エトランゼだからこそ、いろいろ見えるものがあるなと感じるのです。

日常では見かけることもない、とんでもないお金持ち（わかりやすい）を目にしたり、そのまわりの人たちを傍観者として観察したりしながら、かごに乗る人、かつぐ人の違いってどこから生まれるのかなとか、日本にいたらめったに考えないことをひとり考えるのも、いい時間なのかなと思います。

✦コピーしないタイで、タイブランドを

ところでタイはデザイン大国。コピー天国なんて言われる国もあるアジアの中で、圧倒的にオリジナルを愛する国。タイのデザイナーによるブランドには、既視感のないすてきな服がたくさんあり、デパートやモールで見つけられます。「タイのデ

ザイナーは身体のラインをきれいに見せるのが得意」「人と違うデザインが好き」といった評価も。

かの有名な、週末だけ開く巨大マーケット「チャトゥチャック・ウィークエンドマーケット」にまず小さな店を出し、次にその中でも注目されるゾーンに出せるようになり、人気が出て、バンコクのど真ん中のモールに直営店やカフェを構える。こんなサクセスストーリーを経たファッションブランドもいくつかあります。

青田買いの楽しみもあって、もし土日にバンコクにいたら、このウィークエンドマーケットだけは、ホテルにお籠りを決め込んだ旅でも行くことにしています。BTSのモーチット駅（Mo Chit）から徒歩5分ほどです。1万軒以上の店が出店しているとか。

まずファッションのエリア。セクション2あたりの、地面がレンガ敷きのゾーンには人気が高まっているタイプブランドが集まっています。夏のイケてるワンピースや、何枚あっても助かるコットン100パーセントのキャミソール（600円くらい）、ユニークなTシャツなどにも出会えます。

キッチンツールもおすすめです。真鍮《しんちゅう》（黄銅）の鍋や、シルバーやステンレスのカトラリー、モダンなデザインの箸、かご類などなど、これまでいろいろ東京に連れて帰ってきました。昼間だと、ひとりでも全く問題なしですが、スリにだけは気をつけて。

このマーケットの前の大きな通りを渡ると、新しくてきれいな観光市場「オートーコー市場（Or Tor Kor Market）」があります。タイの農業協同組合直営の市場で、ホテルで食べられるようなフルーツが充実しています。古くからあるクロントーイ市場のほうが本気の地元仕様でワイルドでおもしろいですが、行きにくいし、ひとりならこちらの方がきれいで安心だと思います。

観光しない旅。ひとり旅でこそ、ありだと思います。割り切って、朝寝坊、プール、マッサージ、ショッピング、ロビーで1杯、と徹底的に自分を甘やかす、ごほうび旅。旅の前の10倍、人に優しくなれる気がします。

第4章

私の旅の楽しみ方

言葉ができなくても旅ができるようになった

50歳からはじめたひとり旅は、私の場合、頭のてっぺんからつま先まで、ひとりにどっぷりつかりたくて行く旅です。イメージとしては、裸で誰もいない海に、つま先から頭まですっぽりつかって「あぁ、気持ちよか〜、幸せじゃ〜」みたいな。

なので、誰かと話したいとか、友だちを作りたいという思いはなくて、むしろ、一日中誰とも口をきかなくても、まったく平気です。時にすてきな出会いがあることもありますが、それは思いがけないごほうび、おまけみたいなもの。

とはいえ、コミュニケーションが必要な場面もあります。特に不安があるのは、当たり前ですが言葉が通じない海外。

でも、どこにでも持ち歩けるスマートフォン、そしてグーグルとSNSが、旅のスタイルをがらりと変えました。旅でのコミュニケーションも変えたと思います。

「この単語がわからない」というとき、すぐに調べることもできますし、なんなら音声で読み上げてくれる機能もあるので、相手に聞いてもらうこともできます。

いろんなアプリのおかげで、どうしても伝えなければ困る、ということは翻訳してなんとか伝えることも。通信さえできれば、ＬＩＮＥやフェイスブックでの無料通話やメッセージのやり取りもできるので、困ったら詳しい人に相談もできます。

私が英語の翻訳をするのに、とってもいいなと思って使っているアプリは「DeepL（deepl.com）」です。

翻訳ソフトに詳しい友人によれば、日本語を英語以外の言語に訳すとき、多くのソフトはいったん英語にしてから、多言語に訳すように設定されているのだそう。特に、日本語やタイ語などのように、話す人が限られている言語では、そのパターンが多いと聞きました。

たとえば、日本語を中国語にする場合、日本語を直接中国語にするのではなく、いったん日本語を英語にしてから、その英語を中国語にする。翻訳ソフトで謎の中国語になってしまう理由のひとつに、日本語を英語にする段階でのズレが、中国語にするときにさらにズレる、というのがあるようなのです。

なので、私は時間が許せば、日本語→英語の設定にして、まず日本語を英語にし、その内容を自分なりに確認してから、次に英語→中国語の設定にして翻訳します。何度かやり取りした経験では、英語を介したほうが、より正しく訳せるようです。

また、便利な翻訳機もあります。コロナが落ち着いてからの台湾旅に、「ポケトーク」を借りて持って行ってみました。手のひらに収まるサイズで持ち歩きにも便利。たとえば、日本語と中国語（台湾華語・繁体字）に設定して、ポケトークに向かって日本語で話すと、中国語に訳して読み上げてくれます。相手には、中国語で話してもらうと、日本語の音声で返ってくる。ゆっくり滑舌よく、しかも翻訳しやすいように主語、述語をはっきりと簡潔にしゃべる必要はありますが、おおむね通じました。きっと、これから先はもっともっと進化するでしょう。

✦ 喜びを伝えたい

これまで海外ひとり旅で、なんとしても現地の言葉で〝正確に〟伝えなければならない場面は、そんなに多くありませんでした。苦情やクレームは、表情や雰囲気でも伝わるし、自分がしたいことは、つたない言葉でも伝えられました。

難しいのは、世間話です。なんでもない雑談ができなくて残念だな、と思うことは何度も経験しています。たとえ必要な話ではなかったとしても、相手が言っていることがわからないのも残念。そして、こちらが伝えたい喜びやお礼を伝えられないのはもっと残念でした。

「すごくおいしい、特に○○に感激しました」とか、「とてもおいしかったのに、おなかがいっぱいになって、残してしまってごめんなさい」などなど。

あまりにも残念だから、あきらめずに伝えることに努めるようになりました。時に、紙に書いて、時に、がんばって発音して。

台北でのことです。旅のあいだ気に入って何度か行った、台南出身のお母さんが腕を振るう食堂がありました。天母《ティエンムー》にある士東《シドン》市場の2階にあって、いつも満席。行くたびに、「ヘン ハオチー（とても、おいしい）」とは言っていたのですが、日本に帰る前に、もっと伝えたいことがありました。「私はシンプルな調理で、優しい味のあなたのお料理が大好きです。うま味調味料も使っていないですね。こんなに何回も来た食堂はここだけです。日本に帰るけど、また来ます」と、伝えたかった。

それで、日本語→英語→中国語という順でスマホに翻訳してもらい、紙に書きました。台湾で使われている漢字・繁体字は、世界でいちばん難しい漢字だと思いますが、がんばれば書けるのが日本人の強み。そのメモを、帰り際にお母さんに渡したのです。

それを読んだ瞬間のお母さんの顔は、今でも忘れられません。ぱっと明るい表情になって、私の手を両手で握ってくれました。

考えてみれば、日本でもどこでも同じですよね。おいしかったら、「おいしかった」と口に出して言う。それだけでも料理人には伝わるし、きっとうれしいと思います。伝えた私もうれしくなる。

だから私は、「こんにちは」と「ありがとう」に加えて、「おいしい」と「とてもおいしい」「また食べに来ます」だけは、行き先の国の言葉で言えるようにしています。

✦誰かと話さなくてもいいのです

日本語なら通じる、きちんとコミュニケーションができる、と思いがちですが、私はそうでもないな、と日々感じています。コミュニケーションは難しい。この歳になってもまったく上手になれません。

料理研究家の山本ゆりさんのエッセイ『おしゃべりな人見知り』（扶桑社）を読んでいて、ほんとそうだよなー、と思ったことがあります。山本さんは実は人見知りで、初めての人とのコミュニケーションをどうしたらいいか不安になるらしく、だからこそ沈黙が怖くておしゃべりになってしまうと。それで「おしゃべりな人見知り」。

私にもその傾向があって、沈黙が怖いあまりに、思いもしないことや余計なことを口走って凹んだり、反省したり、しょっちゅうしています。沈黙がスルーできる人になりたい。初対面上手になりたい。しかしこれが難しくてストレスに。

ひとり旅って、そんな誰もがやっている日々の気苦労から解放される時間です。

だから私は、日本国内旅でも、言葉が不自由な海外と変わらないくらい、口数少なく旅しています。一日中誰とも話さなかった日もまた心地よい。

一方で、私のことをまったく知らない人と、一期一会で、まっさらで話せるのは旅のおもしろさでもあります。

人見知りと矛盾しているようですが、お互いがどこの誰かとか、どんな仕事をしているかとか、まったく知らず、関係なく、今ここにある水餃子をおいしいねと言い合ったり、温泉気持ちいいねと思わず話しかけたり、かけられたり、その街のささやかな情報交換をしたりするのはとても楽しい。温かい気持ちになります。それ以上に関係は深まらないけれど、そのくらいが、旅でお休みモードの自分にはちょうどいいのかもしれません。

「いいね！」キャンペーンで私もごきげんに

ひとり旅でひとりゲーム的によくやるのが、「いいね！　と言おう」キャンペーンです。駅員さんとかショップの店員さんがしてくれたことを、いいなと思ったら、「すばらしい、ありがとう」と声に出して言う、ほめる、ただそれだけです。

たとえば、駅員さんが何か教えてくれたら、「丁寧に教えてくださって、助かりました、ありがとうございました」とはっきり伝える。レストランで、グラスにお水を足してくれたら「ありがとうございます、最高のタイミングです」とか、いつもなら心の中だけで思うことを、キャンペーン中は口に出して言います。はたまた、〝Tシャツかわいいな〟と思ったら、「Tシャツめっちゃかわいいですね」と言います。たとえ、やや引かれても。

キャンペーン中は、1回でも多く「いいね！」と言いたい、ほめたいと思っているので、ほめどころを探すことに熱中して、いつもとは違う自分になるのがなかなかにおもしろいのです。

たとえば、店員さんがゆっくりラッピングしているのを見たとき。わけもなく常に急いでいる東京では、〝おそ。早く〜〟と心の中で叫ぶところですが、キャンペーン中だと、〝丁寧にやってくれている。よし、これにお礼を言うぞ、ほめるぞ！〟と思うので、イラッとしません。

このキャンペーンをやると、相手をほめているようで、気づくと自分がごきげんになっています。不思議とやさしい気持ちになっていく。おおらかになるという方がぴったりくるかな。

なんだ、いつもそうしたらいいじゃん、という声が聞こえてきます。はい、その通り。私もいつもそんな自分でいたいと願っています。願ってはいますが、これがしかし、何かに追われるような日常では、なかなかできない。それで、旅先ならば、というわけです。

ヒントは、十数年前にアメリカで見た、たしか保険会社のテレビCM。それは、誰かが親切にすると、その親切を受けた人が次の人に親切にしたくなり、優しさが連鎖していく、親切のリレーになる、というドラマ仕立てのＣＭでした。後にこれを「Pay forward（Pay it forward）」と言うと知りました。

日本にも「恩送り」という言葉があります。お世話になったな、とご恩を感じたら、たとえその人に返せなくても、誰かに優しくする。すると、その人がまた次の誰かに、とご恩が送られていく。

ひとり旅だと、生まれ変わったような気分で、素直にできます。いつもそういう人にワタシハナリタイ。日々練習です。

✦ SNSからの離脱

なんとか別れたいと思っているのだけど、別れ話はいっこうに進まない、しかも私が彼女の魅力にがんじがらめになっていて、まるで自分の一部のようで、未練たらたらで別れられない……。はい、ＳＮＳのことです。

自分の本や掲載誌の宣伝をしようかな、とはじめたつもりが、ついつい見てしまうインスタグラムやフェイスブック。気がついたら30分経過とか、あるあるです。

目も着実に悪くなって、首の皺もふえて、背中も痛い。ＳＮＳが存在しなかった私たちより上の世代と比べたら、身体の消耗度も数倍違うんじゃないでしょうか。それでも別れられない。

ただ、旅のときだけは、特にひとり旅のときは、なぜかＳＮＳを見る時間がものすごく減ります。ひとりだと逆に増えそうなのに。

グーグルマップを見て、行きたい場所を確認するときは見ますが、長々とインスタを見たりはしません。ＬＩＮＥやメールも見忘れるほどです（スイマセン）。まわりに見たいものがたくさんあるからか、緊張してドキドキしているからか、スマホ滞在時間も普段の４分の１以下になります。それがとても気持ちいい（だったら普段も見なきゃいいじゃん↓この項の冒頭に戻ってください）。

ひとり旅の魅力は、せかせかした時間や、人疲れからの解放にあったりします。ＳＮＳって、直接人と会うわけではないけれど、会うのと同じように、もしかしたらそれ以上に人疲れするものなのかもしれません。ＳＮＳからの離脱が、ひとり旅のＢ面的な楽しみになっています。

ひとり朝ランのすすめ

ひとり旅の楽しみのひとつが、朝のランニングです。私には走りたくなる街があります……な〜んて言うとすごいランナーっぽいんですが、まったくそうではなく、限界5キロのへっぽこランナー、いや、ジョガーです。

自慢じゃないですが、35歳頃まで、200メートルも走れませんでした。子どもの頃から鈍くさくて、徒競走はいつもビリ。高校の体育の授業の長距離走もどうしたらサボれるか、それだけを考えていました。そんな私が運動不足解消のために少しずつ走りはじめてみたら、自分のペースでなら5キロまでは気持ちよく走れるようになったのです。しかも、走るのが好きになったりして、自分でもびっくり。中でも特に楽しいのが、旅先での朝ランです。

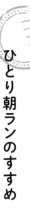

✦朝はそこに暮らしている人のもの。走って仲間に入れてもらう

ひとりで旅に出たら、ほぼ必ず、朝に走ります。

友だちと旅すると、いつもより遅くまでバーにいたり、夜中までおしゃべりしたり、夜更かしも楽しい。それはそれとして、ひとりのときは、夜は早く部屋に戻って、朝ランを楽しみに眠りにつきます。

朝走る理由その1は、走ればその街で暮らしているような気分になれるから。ひとり旅を復活してみたら、朝は旅人への最高のギフトだと感じるようになりました。

朝って、そこに暮らしている人のものですよね。夜の街や昼間の観光では、旅人と住人の区別がつかなくても、朝ははっきりとわかります。いつも通りの日常を見ながら、旅人の私が、住民の顔になって走る。ここに住んでいるような心地よい錯覚がなんとも楽しいのです。

理由その2は、下見とでも言えばいいのか、ちょっと事前に見ておこう、というのがあります。その日に行くつもりの店や、行ってみたいけどどうかな?と思って

いる店を、走りながら見に行くのです。

なにしろ朝には素顔の街があります。人通りがまばらな通り、誰もいないオフィス、ひっそりした繁華街。普段は見られない舞台裏が垣間《かいまみ》見える。

あまり趣味がよくない気もしますが、たとえば気になっているビストロの前を朝通ってみたら、入り口に、ちょっとその出し方はどうなんだ?とつっこみたくなる状態でゴミが置いてあったり、夜は見えないであろうところに、ワインや調味料などの口に入るものが雑然と積んであったり。一方、すてきだなと思っている店や素晴らしいシェフだなと感じている店は、早朝であってもすぐにお客様を迎えられるような状態なのです(私調べ)。

✦早送りで街を見る

3つ目の理由は、私が〝よくばり〟だから。せっかく旅でその街に来たからには、少しでもたくさん見てまわりたい。旅の目的地に入っていなかったとしても、もし行けるのなら、有名な観光名所にも行ってみたい。しかもできれば自分の足でまわりたい、というよくばりっぷり。

ただ時間は限られています。そこで朝ランで行ってみるのです。走れば、同じ時間で歩くよりも、もっと広いエリアをまわることができます。時間にして40分から50分。

私のランのスピードは、せいぜい1キロ8~9分ですが、それでも徒歩の1・5倍から2倍のエリアをまわれます。もし気になるところがあったら、スピードをゆるめて寄るのもよし。

最近の若者は、テレビドラマや映画を早送りで見るらしい、と聞きました。私も朝ランで、街をちょっと早送りで見ているのかもしれません。

時間がなくて今回は行けないかな、と思ってあきらめかけていた公園や城跡などの名所へも、さくっと行ってみます。甲府城や松本城、山形城跡、そのまわりにある市民の憩いの公園……どこも朝ランで、その魅力を知りました。

地震の半年前に走った熊本城では、石垣のすごさに圧倒され、走るのを止めて、冷たい巨石に手のひらを当ててみたことを思い出します。あの立派な石垣が崩れるなんて……。

✦走るための準備

旅先で走ろうと思うと、それなりに準備が必要です。

まず、服&シューズ。私は、街歩きもできて、いろんな服にも合わせやすいランニングシューズを持っていきます。最近はいかにもラン用という感じではないイケてるランシューが、アディダスやナイキにも、たくさんあります。走れる＝どこまでも歩ける快適なスニーカーなので、よく歩く旅にもぴったりです。

そして、1枚のナイロンパーカー。お尻まで隠れる長さの軽いもので、ランニングに加えて、急な雨でも対応できるフードがついたもの。洗ったときに1晩で乾くものならなおよしです。

これを着れば、インナーは見えません。なので中は、捨てる直前のTシャツや長袖の下着でもOK。下はぴたっとしたランニング用のパンツを小さくたたんで持っていきます。スパッツ（今どきの言い方だとレギンス?）でもいいですよね。

そして、ぜひ!と思うのが、小さなランニング用のバッグです。肩や腰、腕につける形で、両手があく、コンパクトなもの。中には、スマホとクレジットカードか現金2千円くらい、ホテルの部屋のカードキーを入れます。

走ったからには記録したいので、携帯アプリ「Nike Run Club（ナイキラン）」を起動してスタートします。走ったルートの記録が蓄積されるので、あの時どこを？と見返す楽しみもあります。「1キロ到達～」などと、距離とタイムを合わせて音声で教えてくれるので、走る励みにもなります。

イヤホンもあるといいです。その街ゆかりのミュージシャンの曲を聴きながら走ることも。東京ではよく、落語を聞きながら走っていますけど。

✦走るルートの決め方

ルートは気分次第ですが、私は行ってみたいと思っているお店や、見てみたい観光地を目的地にして走ります。やはり漫然と走るより目的地があった方が楽しい。

歩く旅と同じように、グーグルマップで往復4、5キロで行けるような場所を決めてスタートします。

また時には街を貫く大きな道をまっすぐ走ってみたり、景色がきれいだと思った方や、海好きなのでただ海へ向かったり。すてきなコーヒーショップに出会って、ここには後で戻って来られないかも、と思ったら、いきなりコーヒーで一服することもあります。

金沢ランで、いつもは長蛇の列のパン屋さん「ひらみぱん」に、奇跡的に2人しか並んでいなかったことがあって、思わず寄ってパンを買い、そこからは歩いて帰りました。走るのは、だいたい7時台か8時台。人気のパン屋さんの朝いちを狙うのにはいい時間。これも各地でやっています。

✦朝ランのために行きたい街もある

博多と大阪が似ているな、と思ったのは、朝ランのときでした。どちらもJRのターミナル駅から、大阪は北から南、博多は東から西ですが、ほぼまっすぐ伸びる道があり、途中に大きめの川が流れています。駅に近い方の繁華街（大阪は北、博多は駅周辺）と、川端へ下った繁華街（大阪は南、博多は中洲）があるのも似ています。博多駅から中洲へ走っているとき、御堂筋っぽいなと思ったのです。

そんな発見もあるラン。走りやすい街って、やっぱりあります。私が朝ランを楽しみにしている旅先が、京都、大阪（詳しくは123ページへ）、松本、水戸、鎌倉、長崎、那覇、そして私の知らない東京。

京都は下見したいところが150か所以上あって（苦笑）、毎回どこかを選んで走って下見しています。神社や寺にも朝だけの表情があります。早朝から開いているところが多く、朝6時、清水（寺）の舞台をひとり占めもできます。それに鴨川ラン、最高です。

松本は、松本駅から松本城をまわり、あがたの森公園へ。そして戻れば、ぐるっと松本ツアーができます。走ってみると、川の街なんだな、と感じます。

そして水戸。水戸駅からすぐ、両側に桜並木が続く桜川から、偕楽園への道は、私的にベスト1、2を争う屈指の美しきランコースです。川岸の整備された道を走り、千波大橋《せんばおおはし》を越えると、千波湖《せんばこ》と桜川に挟まれた、両側が水辺の道が現れます。これがありそうでない地形で、この道に立つだけでテンションが上がる！　ものすごく気持ちいいのです。この千波湖は一周することもできます。走り抜ければ、かの偕楽園。ここを走るために水戸に行きたいと思うほど。

また、東京も魅力的です。ときどき上野や日本橋など、東京の西側に住む私にはなじみがない東側を旅することがあります。このときの朝ランが新鮮。隅田川沿いや谷中、上野の森から東京芸大へ、など。そこには、知らない東京があります。電車で40分で行けるところであっても、旅そのものだな、といつも感じます。

海外は、パリ、特に冬。朝のまだ誰もいないルーブル美術館やリュクサンブール公園、オルセー美術館に向かって真っ白な息を吐きながら橋を渡る。思い出すだけで胸が熱くなります。大きなトカゲがいる池を見ながら走ったバンコクのルンピニ公園、ニューヨークのセントラルパークやウエストサイド。台北は早朝の市場を数か所走ってはしごし、ゴールで朝ごはんを。200メートルも走れなかった私が言うのもなんですが、控えめに言ってサイコーです。

朝ランにはうれしいおまけもついてきます。こんなに遅いペースであっても、走った後の爽快感が味わえる。汗だくで部屋に戻り、シャワーを浴びるときの幸せったら。もしかしたら、この瞬間の気持ちよさこそが朝ランするいちばんの理由かもしれません。

お店探しは自然派ワインの逆引きで

旅先で何を食べるか？　しかもおひとりさまで。これは誰にとっても大きなテーマでしょう。無類の食いしん坊の私にとってだけではないはず。やっぱり、おいしいものって旅の楽しみのひとつ、いや、メインテーマですよね（違う？）。できたら、そこまで有名じゃなくていいから、地元の人に愛されている店で、地元の食材で作られた料理が食べられるところを見つけたい。こだわりはあるけど怖すぎないシェフで、明るい雰囲気のお店ならなおうれしい。

加えて（まだあるのか）、やっぱり、自分の好きなタイプの料理がいい。重すぎない、やりすぎない、強すぎない、が好み。野菜多めで、食材の輪郭が残っていて、酸の使い方が上手。これ、東京でも同じです。

そんな店、どうやって探そう？　日頃から、そういう匂いのする店を見つけたらグーグルマップに保存する、口コミに耳を傾ける、いろいろありますが、私がよくやっているのが、「自然派ワインで逆引き」です。

お店を探すとき、「自然派ワイン」＝「ヴァン・ナチュール」を出している店を探すのです。

✦自然派ワイン＝ヴァン・ナチュールとは？

どうして自然派ワインにこだわる店を探すと、好みのごはんにたどりつけるのか？　答えの前に、自然派ワインってなに？　という話から。……とは言ったものの、その定義は難しい。自然派ワインを愛する人であればあるほど、「これが定義、絶対」とは言わないでしょうし、いろんな見解がありそう。

私は、こう思っています。「作り手がワインを〝ぶどうから生まれる農産品〟だと思って作っている。その作り手が、オーガニックのぶどうをわが子のように大切に扱い、自然の酵母の力で発酵させ、コントロールしすぎることなく、自分や家族もくいくい飲めるように作っているワイン」と、なんだか偉そうですが、出会いは、どちらかというと残念な感じでした。

◆自然派ワインとの出会い

20年ほど前のこと。アラン・デュカスという偉大なフランス人シェフの料理学校が日本の辻調理師専門学校との共同経営で、東京ではじまることになり、私はそこに通うようになりました。第一期生でした。

朝9時にはじまり、夕方4時ごろまで、デュカス・グループの現役のシェフに習う、というより、厨房の中をついて歩いて見て学ぶ、そんな学校でした。完成した料理を味見できる機会がお昼頃と夕方の2回あって、夕方は帰る前だから、ワインが出ました。

グラスに1杯か2杯でしたが、これが控えめに言って、まずい。それまで飲んでいたワインとはまったく違う、そもそもこれはワインなのか？　とまで思いました。ぶどうジュース？と感じるものもあれば、変なにおいのものも（私は馬糞のにおいだと思いました）。

すると「これが『自然派ワイン』だ」と説明されたのです。聞けば、ぶどうはオーガニック＝化学肥料や除草剤、殺虫剤などを使わずに栽培し、それを手摘みで収穫している。その土地の酵母にこだわり、果皮などに付着する自然酵母の働きによる自然な発酵を待ち、作られるワインだと。これまでのワインとはまったく違う、そしてこれからはこういう作り手が増えていくだろうとも教えられました。

もう一度言いますが、20年ほど前のことです。うむ、その志はすてきだ、ぜひそういうワインが飲みたい。が、しかし、これは……と毎回沈黙してしまいました。

それから数年後、とあるビストロで、好みど真ん中の赤ワインに出会いました。赤だけど軽やかで、ほんのりうまみを感じる、すーっと染み入るワイン。

それがボジョレーのマルセル・ラピエール（Marcel Lapierre）という人が作ったワインでした。ボジョレーって、ヌーヴォーの？と思いながら、お店の方にいろいろ教えてもらって、びっくり。「ザ・自然派ワインです」と言われたからです。

マルセルは、自然派ワイン黎明期のヒーローで、ヴァン・ナチュールの父と呼ばれ、その素晴らしいワインに、作り方に、考え方に、影響を受けた多くの生産者が自然派ワインの生産者になっていったとのこと。

うむ、馬糞とはぜんぜん違う、ものすごくおいしい、くいくい飲みました。そして、もう一度驚いたのは、翌日です。私にしてはかなり飲んだのに、次の日はさわやか、けろり。

なぜなのか？　自分の身体の反応が、ワイン作りについてもっと知りたい、と思うきっかけになりました。

✦自然派好きの料理人を探せ！

身体への負担が少ない、という自らの人体実験を経て、その日以来、まずは、彼のワインを探して飲むようになりました。さらに、自然派ワインを輸入しているインポーターさんを教えてもらい、ボトルにあるその名前を頼りにワインを選ぶようになりました。

野村ユニソン、ヴァンクゥール、ラシーヌ、そしてディオニー、当時も今も、私がワイン選びの目印にしているインポーターさんたちです（今はもっともっと増えました）。

そんな中で、あることに気がついたのです。自分が好きな料理を出してくれるレストランは、その多くが自然派ワイン愛好店だ、と。おもしろいほど、みんなそうでした。イタリアンやフレンチだけでなく、和食や焼き鳥まで。実際、和食にもよく合うし、日本のワインでも自然派の作り手さんが少しずつ登場してきていたから。私はきっと、「自分の料理には自然派ワインが合う」と思っている料理人の料理が好きなんだ。となれば、逆引きが成立するなと思うようになったのです。

◆自分や家族が飲むワイン、食べる料理

数年前、フランスへ行き、ブルゴーニュやボジョレーの自然派ワインの作り手さんのワイナリーをまわったことがあります。先のマルセル・ラピエール（当時、すでに故人）のすぐ近所で、自然派ワインを作る仲間であるジャン・フォワイヤールのワイナリーにも行くことができました。霧がたち込める中、作業が大変そうな背の低いガメイ（ブドウの品種）の畑も見せてもらいました。

そこで、マダムに「なぜナチュールに？」とお聞きしたら、「マルセル（・ラピ

エール）たち近隣の仲間と農作業を終えて毎日飲んでいてね。そのとき、こうして自分たちが飲んでいるような、身体に負担の少ないワインをもっと作りたいね、という話になったの」と。ううむ。

以前、有機原料100パーセントで、100年越えの木桶で醤油を作っている小豆島のヤマヒサ醤油さんの蔵を訪ねたときに聞いた、「最初は家族用に作りはじめたんですよ」という言葉を思い出しました。

自分や家族が口にすると思って作っている。これ以上のパワーワードってないですよね。

自然派ワイン好きには、人がコントロールしすぎないお酒、在来種の野菜、放牧の肉、地魚など、その土地ならではのものにこだわる人が多いと感じています。そして家族に出すようにちゃんと顔を見ながら料理を出すお店が多いように思います。だから私は、自然派ワインが好きであることは、ちょっとした安心の証明みたいにも思っているのです。

✦どうやって逆引きするか？

さて、ついついこの話になると熱くなってしまいますが、お待たせしました、どうやって探すのか？

ひとつは、自分がいるところの近くにある、自然派ワインの店を見つけられる「Raisin（レザン）」というアプリがあります。日本版はまだ登録されているお店が少ないのですが、東京や大阪など都市部では見つける手掛かりになります。パリでは重宝しました。

また、インスタグラムでも探します。たとえば博多で探すなら、「#博多 #ナチュールワイン #自然派」などのキーワードを入れて、検索します。そして出てきたクチコミや写真、お店のインスタなどを見て、雰囲気を感じて決めます。朝ランや散歩で下見に行ってみることも。

印象深かったのは、水戸でのこと。逆引きして見つけた店が2軒。カウンターもあってひとりでも入れそうだったから、順に訪ねてみたら、どちらもその日は満席。

そこで2軒目のシェフに「こちらのほかに、水戸に、自然派ワインにこだわっているお店ってありますか?」と聞いたら、「水戸には3軒しかないんですよ」と笑いながら、私が見つけられなかった3軒目を教えてくれました。

カウンターがあるからひとりでも大丈夫ですよ、と聞いて行ってみたら、こちらもほぼ満席。なんとかカウンターの1席に滑り込めました。東京にあったら通いたいと思うほど、とても気持ちのいい、おひとりさまにもぜひおすすめしたいお店でした。「Loupiote ルピオット」さん、水戸駅から歩いて5、6分です。

ちなみに先の2軒は「to_dining&daily goodthings」さんと「Piste ピスト」さんです。

自然派ワインの店は、地方都市ならなおさら、近くで同じように自然派ワインにこだわっている店のことを、きっと知っています。次回のために、聞いておくのもまた楽し、です。

かくして、私のひとりで行きたい店リストは、さしずめ自然派ワインファンクラブ。京都編や大阪編でご紹介したお店も、こうして見つけたところがほとんどです。

ちなみに、ふだん自分の家で飲むワインも、代官山の料理教室でお出しするワインも、100パーセント自然派です。その8割を「はしごや酒肆《しゅし》」（大田区山王にある、主に自然派ワインを扱う酒屋さん）のウェブサイトで購入しています。メーリングリストに登録すると、新着ワインの情報を毎月送ってくれます。丁寧な説明付きで自然派ワインの読み物としても楽しめます。

自分にお土産を、ほどほどに買おう

旅先でお土産を買うのが大好きで、かつては、これは母に、これはおばあちゃんに、これはAちゃんに、と顔を思い浮かべながら買っていました。あの人に似合いそう、と妄想する時間も好きで、私にとってお土産を買うのは旅の大イベント。でも、ひとり旅をするようになって、それはやめよう、と意識してやめました。

基本、ひとり旅は自分ひとりになる時間。それをひたすら楽しもうと思ったのです。それに、ひとりで快適に旅をするには荷物は少ないほどいいので、お土産は自分への記念品的な小さくて軽いものに。ただし、食べ物を除いて、ですが。

✦市場とスーパーへGO！

私の食べ物への興味・執着は尋常ならざるようで。それも友人たちの想像をはるかに超えているようで、誰かと一緒だとあきれられることが多々あり。いや、本気出すとだいたい、すーっとかなり遠くまで引かれます。

が、ひとりならばっ！　いつまででも見てまわれます。市場があれば必ず寄り、初めて見るものは食べてみて、地元のスーパーとデパ地下にも必ず行きます。徒歩や公共の交通機関で行けるなら、道の駅にも寄りたい。

特に地元の人が行く普通のスーパーへ行くことは、レシピ作りにもつながっています。できるだけ身近な、スーパーで手に入る食材で作れるようにと考えているから。東京のスーパーを決してスタンダードだと思わないようにしています。

お値段も興味深い。東京の10分の1の値段で元気ですばらしいきゅうりを見つけたりすると、この差額のために働いているのかもしれないな、このまま東京に住んでいていいのかな、としみじみ考えたりもします。一方で農家の収入としてこれでいいのだろうか？とも。

市場やスーパーでは、へぇ～という知らないものに出会うのも楽しみです。これまで一度も食べたことがないものに出会ったら、精肉と鮮魚以外は迷わず買って、すぐに食べた方がおいしいなら、その場で食べてみます。

特に海外、台湾やタイ、イタリアなど、初めての食材がきっと待っているであろう場所への旅では、目的地が市場じゃない日も、常にジップロックに入れた箸とスプーンとミニ紙コップからなる〝試食セット〟を持ち歩いています。

✦醤油、みそ、酢、地酒

国内への旅では、地域色が色濃く出る、醤油、みそ、酢をチェックします。

昔は調味料はその地域の味の決め手になるもので、各地の蔵で、その地域の分が作られていました。土地が変われば調味料が変わり、調味料が変われば地元の料理屋の味が変わり、家庭の味も変わるわけです。郷土料理のかなめだから、とても大切に守られてきたもの、守りたいものです。

特に醤油は、地域柄が出る調味料。地方都市に行ったら、できるだけ昔からある醤油蔵の醤油を探して、自分へのお土産にします。

ところで、「九州は醤油が甘いから〜」と、やや困ったちゃん扱いされる（被害妄想かな?）ことがあります。私が長崎人だから言い訳するわけじゃないんですけど、全国津々浦々で醤油を探し、味見した経験から言うと、糖分を足した甘い醤油のほうがメジャーなのでは?と感じます。ここ最近は、アミノ酸などを足してうまみを増強しているものもよく見かけます。昔はそんなことはやっていなかったはずだから、裏を見て、「大豆、小麦、塩」とだけ書かれている醤油を探しますが、地域の醤油がたくさん並んでいるのに、なにも足していない醤油は見つけられなかったこともあります。

漬物や佃煮や水産加工品などの保存食、乾物、麺、農産品にも、目がランランとします。大分・国東《くにさき》半島のまぼろしのひじきや、長崎・島原育ちの手延べそうめん、茨城・ひたちやの田舎うどん、金沢・髙木糀商店のみそと甘酒などなど、旅先で出会って、以来ずっとお取り寄せしているものも。

また、地酒や、最近増えている日本のワインも気になります。デパ地下のお酒売り場をパトロールしたり、酒屋さんがあったら覗いたり。ただ、ひとりだと多くの種類を飲んでみるのはなかなか難しいですよね。そんなときにうれしいのが、駅などにある地酒がずらっと並ぶアンテナショップです。最近増えていて、富山、水戸、長崎、そうそう鹿児島にも焼酎バージョンがありました。

たとえば、富山駅前の複合施設「マルート」の1階には、ひとりでも気後れすることなく入れる日本酒体験のためのバール「バール・デ・美富味《みとみ》」があります。富山県内の酒蔵のお酒がずらり。きれいなカフェみたいな店内でグラスで楽しめて、購入もできます

水戸駅には、みどりの窓口のすぐ横に「いばらき地酒バー」があります。茨城県内の日本酒蔵のお酒がずらり。すべて1杯1コイン（コイン1枚を300円で買う）で飲めるすばらしさ。自分で注ぐから、ひとりで気楽に楽しめます。アテも、茨城名物がずらり。ここで買える「新六」の奈良漬けがおいしい（特になす！　梅、パパイアも）。

私は量は飲めないけれど、種類はいろいろ飲んでみたい派なので、こんなふうに、さくっと短時間で、味見感覚で寄れるところがありがたいのです。

✦お守りをお土産にして、ずっと守ってもらう

ひとり旅では、神社を見かけたら、この旅のご挨拶とお礼に寄るようにしています。その神社ならではのお守りも気になって、個性的なタイプを見つけると、お参りさせてもらったお礼もかねて、お土産に購入します。そのとき持っているバッグの持ち手につけたり、内ポケットに入れて、旅を見守っていただきます。

そして、私は帰宅後もそのままにしてそのバッグと出かけるときのお守りに。以前は、買ってきても、どうしたらいいの？と引き出しにしまっていたのですが、これにて解決しました。ひとつ屋根の下にさまざまな宗派のお守りがあって大丈夫か？とか思ったりもしますが、空の向こうではみなさん仲良しだと思うので気にしないことに。久しぶりに使ったバッグで思いがけずお守りに再会して、ああ、あのときは……と思い出すのも楽しいのです。

京都は、いのししが迎えてくれる護王《ごおう》神社の足腰のお守り。晴明《せいめい》神社の黒にピンクの桃が粋な「厄除守」、鮮やかなブルーの「勝守《かつまもり》」、「向上守《こうじょうまもり》」。ここのは、五《ご》

芒星《ぼうせい》モチーフの星がデザインされていて、どれもモダンです。また、八坂庚申堂《やさかこうしんどう》の、猿のように手先が器用になることを願った指の形のお守り「指猿」。香川にある金刀比羅宮《ことひらぐう》の「笑顔元気くん守り」は宮司さんが書かれた子どものイラストがおちゃめ。金沢・石浦神社の全色ほしくなる水玉&チェック、そして「SAFETY TRAVEL」と刺繡された「旅行安全守」（前は電車の形だった）も洒落てます。

みんな小さくて軽いけど、思い出深い、よきお土産です。

✦ 絵はがきを書く

日本でも、海外でも、絵はがきを書きます。相方には必ず。同じ家に住んでいるけど、送ります、親や友人に書くこともあります。

最近、手紙をもらうことも書くことも少なくなりました。でも、切手が貼られた旅の便りって、そのはがきの道のりを思って、私はちょっとうれしい。それに、ひとりだと無性に書きたくなるのです。

国内旅には切手を持っていくこともあるし、地元の郵便局に行ってみることもあります。海外では、ホテルでも出してくれますが、できるだけ切手を買いに行きます。キオスクみたいな街の売店で買う場合もあるし、郵便局へ行くことも。そのプロセスも、まるっとぜんぶ、1枚の絵はがきにのっかって、届くのです。

実は相方とふたりで旅をしているときも、しばしば東京のふたりの家に絵はがきを送ります。これまで一度だけ届かなかったのが、ポルトガルから出した絵はがき。振り返れば、それも含めて、いちばんのお土産かもしれません。

おわりに

思い出し笑いしちゃう、ごきげん旅を

２０２２年12月、午前10時、福岡空港。私は出国ゲート前の長蛇の列に、間に合う？とドキドキしながら並んでいました。更新したてのパスポートと、借りてきたポータブルWi-Fiをしっかり抱えて。

行き先は、およそ3年ぶりの台湾。あたふたと飛行機のシートになんとかすべり込んだ瞬間、胸キュン連打のような、えも言われぬなにかがぶわーっとわき上がってきて、はたから見たら変なくらい、にやけていたと思います。

今回は、福岡から台北に入り、そこから台湾のいちばん南、屏東《ピンドン》県の屏東市へ、ひとりで行くのです。

考えてみれば、初日はほぼ一日、何かに乗っている！

朝8時前、実家のある長崎を出て新幹線と特急を乗りついで博多へ行き、地下鉄で福岡空港へ。飛行機で台北に着いたら、地下鉄で移動し、台湾の新幹

線・高鐵《こうてつ》に乗り、左営《ズオイン》（高雄の近く）まで。そこで台鐵《たいてつ》の特急に乗り換えて、屏東市へ。これは、ビビリの私にはほとんど冒険。

　無事に台北に着いて、前の台湾旅で持ち帰っていた台北地下鉄の悠遊《ユーユー》カード（PASMOみたいなもの）を3年ぶりに改札機に入れてみたらスムーズに通れて、ただそれだけでもう大喜び。高鐵のチケットを買い、日本の新幹線そっくりの席について、ひさしぶりの車窓からの景色を見たら、うるっと泣きそうに。

　乗り換えの特急指定券は席が選びたかったから窓口で筆談で購入し、えらい！と自分をほめ、待ち時間に台鐵名物のあたたかいお弁当を買って小躍り。特急に乗り込んだら、せっかく選んだ私の席でおばあちゃんが爆睡中。うーむ……と、空いていた隣の席に座って、お弁当をひろげる。そこではたと気がつき、みんな指定券買ってる？と見渡して、なんだか可笑《おか》しくなって、結局その席のままで18時過ぎに、屏東駅に到着。

　スーツケースをごろごろ引いて、予約していた駅近のホテルへ。ワクワクしすぎて荷もとかず、すぐ横の夜市へ行き、一番長い列ができている店に、緊張しながら並ぶ。

あー、スープの大鍋を見守るこの女性、私と同じ歳くらいかな。活力あふれる声、生き生きした瞳、料理する人の深いしわのある手。指さして注文したら、ニコッとしてよそってくれたスープ、おお、おいしい。台湾、やっと来たなーと、19時、長い一日を振り返り、思い出し笑いしながら、ひと息つきました。

やっぱり、大人のひとり旅は独特な魅力にあふれています。旅先では同年代や先輩方を、ああいろんな人生があるんだ、とただ見つめる自分がいて、帰ってくるととても、人に優しくなれる気がします。若い頃のように、ここで暮らしたら人生が変わるかも？とか、学びになる？なんて思わない。でも、私にとってかけがえのない何かをもらえる旅。

この喜び、たのしさ、すばらしさを言葉にできるかな？と、自分に問いかけながら、1年ほどかけてこの本を書きました。

数年前、某雑誌のWEB連載に「50歳からはじめたひとり旅がすごくいい！」と書いたら、それを読んで、〝ひとり旅のことを書いて本にまとめてみませんか？〟と声をかけてくれた大和書房の八木麻里さん。びっくり、そしてとてもうれしかった。最後まで書けたのは八木さんのおかげです。

人生ごと共に旅する相方、嬉々としてひとり旅について書く妻を応援してくれてありがとう。ふたり旅もたのしいデス。

「ひとり旅、行ってみようかな」と思ってもらえたら、なによりうれしいです。ふとしたときに、思い出し笑いしちゃう、そんなごきげんひとり旅を。

山脇　りこ

本作品は当文庫のための書き下ろしです。

山脇りこ　やまわき りこ

料理家。テレビ、新聞、雑誌、WEBなどで和食をベースにした季節感のある家庭料理を紹介している。長崎市の観光旅館に生まれ、山海の幸に囲まれて育つ。子どもの頃から食いしん坊で、旅好き、列車好き、宿好き。国内外の市場や生産者をめぐり、食べて作る旅を最上の愉しみとしている。『明日から、料理上手』（小学館）、『いとしの自家製』（ぴあ）など著書多数。また台湾の旅行ガイド本の執筆をはじめ、旅・食・生産者をテーマに取材・執筆も行う。本書は初めての旅エッセイ。

読んで旅する
よんたび

50歳《さい》からのごきげんひとり旅《たび》

著者　山脇《やまわき》りこ

2023年3月15日　第1刷発行
2023年8月5日　第8刷発行

発行者　佐藤 靖
発行所　大和《だいわ》書房
東京都文京区関口1-33-4
電話 03-3203-4511
フォーマットデザイン　吉村 亮（Yoshi-des.）
本文デザイン　藤田知子
本文印刷　信毎書籍印刷
カバー印刷　山一印刷
製本　小泉製本

ISBN978-4-479-32049-4
乱丁本・落丁本はお取り替えいたします
https://www.daiwashobo.co.jp